BUY LOW
SELL HIGH

韦铭锋 / 著

低买高卖

股票"1+1"形态交易法

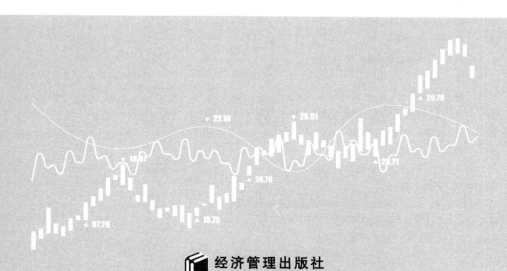

经济管理出版社
ECONOMY & MANAGEMENT PUBLISHING HOUSE

图书在版编目（CIP）数据

低买高卖：股票"1+1"形态交易法/韦铭锋著. —北京：经济管理出版社，2019.6
ISBN 978-7-5096-6519-0

Ⅰ. ①低…　Ⅱ. ①韦…　Ⅲ. ①股票交易—基本知识　Ⅳ. ①F830.91

中国版本图书馆 CIP 数据核字（2019）第 068511 号

组稿编辑：勇　生
责任编辑：王　聪
责任印制：黄章平
责任校对：董杉珊

出版发行：经济管理出版社
　　　　　（北京市海淀区北蜂窝 8 号中雅大厦 A 座 11 层　100038）
网　　址：www. E-mp. com. cn
电　　话：（010）51915602
印　　刷：北京晨旭印刷厂
经　　销：新华书店
开　　本：720mm×1000mm/16
印　　张：14.5
字　　数：268 千字
版　　次：2019 年 8 月第 1 版　2019 年 8 月第 1 次印刷
书　　号：ISBN 978-7-5096-6519-0
定　　价：48.00 元

前 言

　　众所周知，大多数投资者都是从 K 线形态入门进入股市的。大家都熟悉的 K 线形态因为普及率太高，广为流传，同时也进入了机构庄家的视野，机构庄家反而利用 K 线形态画线圈钱，使得传统 K 线形态在关键位置上的准确率大大降低，让投资者在最关键的时刻做出错误的买卖决策。

　　怎样避开这样的陷阱？只有另辟蹊径，重新寻找新的形态，并且不容易被人为操纵的 K 线形态。

　　我们花了数年时间，终于找到了这一更新、更可靠的 K 线形态——"1+1"形态。

　　交易形态简单，形象生动。

　　交易法则精简，买入形态买入，卖出形态卖出。

　　交易技巧灵活多变，可以配合其他技术指标共同使用，与其他技术兼容性强。

　　本书所介绍的就是"1+1"形态及其相关交易法则与使用技巧，希望读者熟能生巧，运用得更加娴熟，更加精进。

目　录

第一章 指标基础

在证券市场上有各种分析指标（如图 1-1 所示）以及各种投资理念。

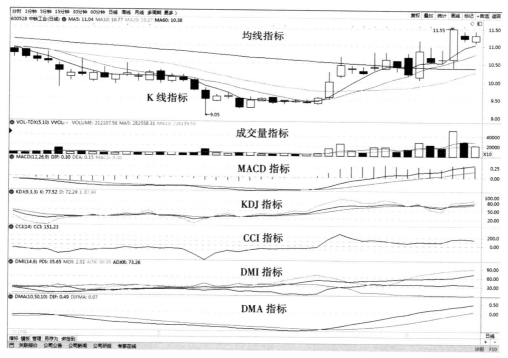

图 1-1 股票软件中众多的技术指标

不管是什么指标或是投资理念，投资者都应该有所了解。

涨跌周期图是其中一种比较冷门的技术指标，但在我多年的使用经验中，涨跌周期图存在着一种独特而高准确率的交易形态，这就是本书将要详细介绍的"1+1"交易形态。

我们先来了解一下什么是涨跌周期图。

一、什么是涨跌周期图

一般股票软件一开启就默认进入日线周期图。每一个 K 线代表一个交易日的开盘价、收盘价以及这一天交易中的最高价和最低价，如图 1-2 和图 1-3 所示。

如果在黑白界面下，白色实体代表上涨（收盘价高于开盘价），黑色实体则代表下跌（收盘价低于开盘价）。

如果在彩色界面下，红色实体代表上涨，绿色或蓝色实体代表下跌。

这些就组成了普通的 K 线形态，那么什么是涨跌周期图呢?

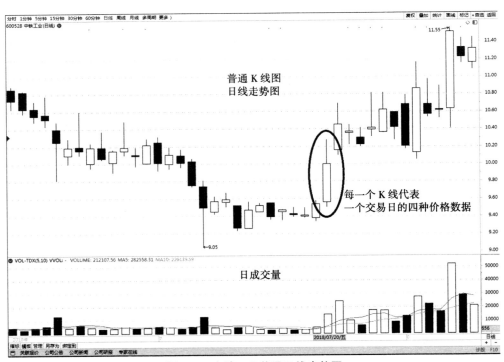

图 1-2　中铁工业普通日线走势图

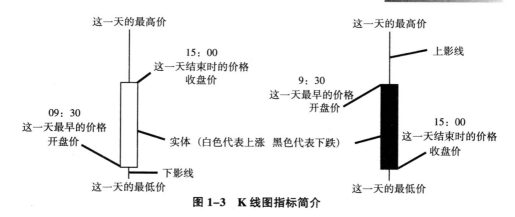

图 1-3 K 线图指标简介

上涨的标准是收盘价高于开盘价。

下跌的标准是收盘价低于开盘价。

如果价格连续多天上涨或连续多天下跌，合成一根 K 线会是什么样？

如图 1-4 所示，我们把每一个交易日的收盘价格进行连接，可以看到有些交易日是连续几天上涨或连续几天下跌的，我们就把连续上涨或连续下跌的 K 线进行合并。

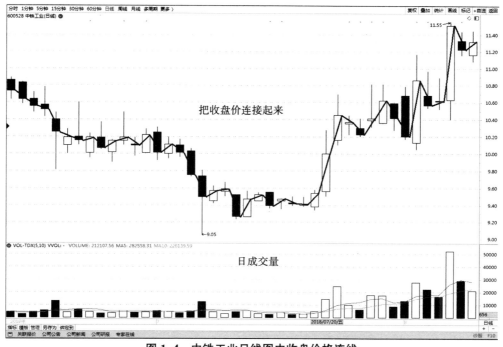

图 1-4 中铁工业日线图中收盘价格连线

如图 1-5 所示，这样就把连续的上涨或下跌 K 线连接起来了。

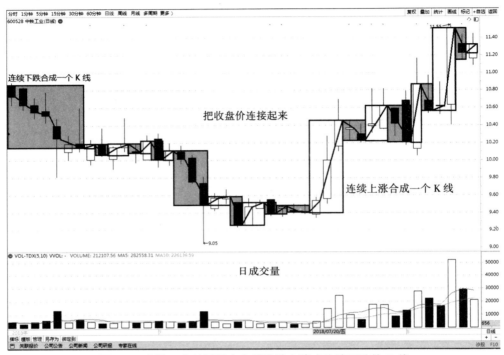

图 1-5　中铁工业日线图中合并连续上涨或连续下跌的 K 线

然后我们把这种图按尺寸同样大小进行调整，就形成了涨跌周期图，即涨跌轮换图，如图 1-6 所示。

如果使用的是招商证券股票软件，那么转换为涨跌周期图的方法如图 1-7 至图 1-10 所示。

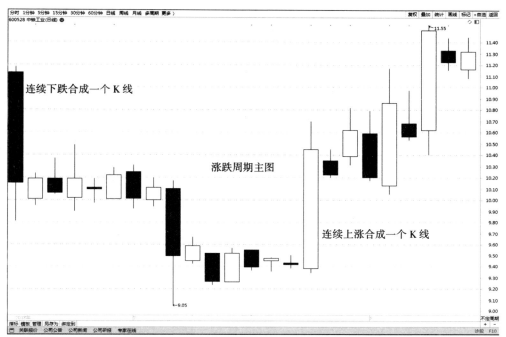

图 1-6 中铁工业日线图中涨跌周期图（招商证券股票软件自带该功能）

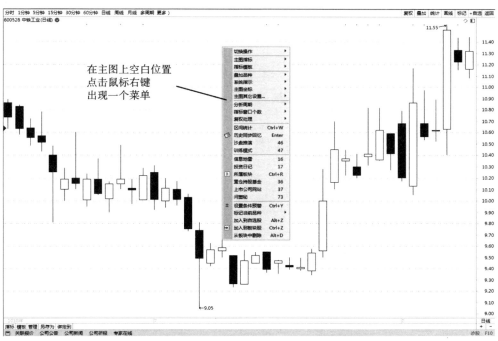

图 1-7 在中铁工业日线图上点击鼠标右键

如图 1-7 所示，在主图空白处点击鼠标右键，弹出一个菜单。

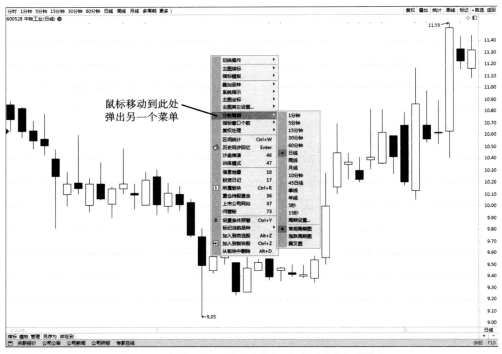

图 1-8　中铁工业日线图中鼠标移动到"分析周期"

将鼠标移动到"分析周期"上，系统再次弹出另一个菜单，如图 1-8 所示。

在弹出的新菜单下方有个"涨跌周期图"选项，点击后就可以直接使用涨跌周期图，如图 1-9 所示。

如果要换回普通 K 线图，就用同样的方法，不选择"涨跌周期图"，而选择"常规周期图"。

涨跌周期图同样可以运用到周线、月线、季线甚至年线上（如图 1-11 至图 1-14 所示）。

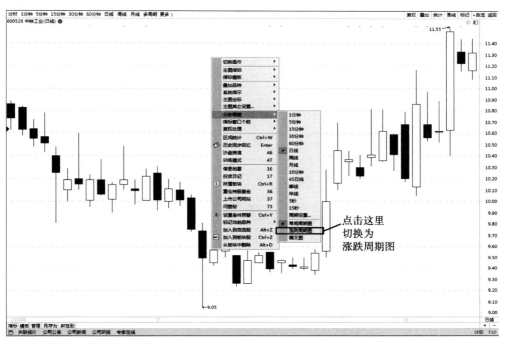

图 1-9 在中铁工业日线图中选择"涨跌周期图"

图 1-10 中铁工业日线图中已转换为"涨跌周期图"

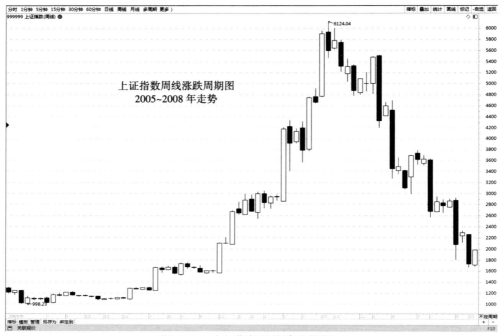

图 1-11 上证指数周线涨跌周期图

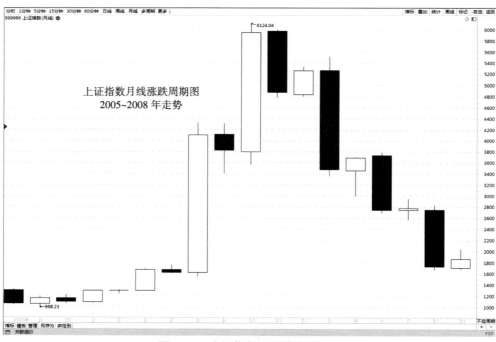

图 1-12 上证指数月线涨跌周期图

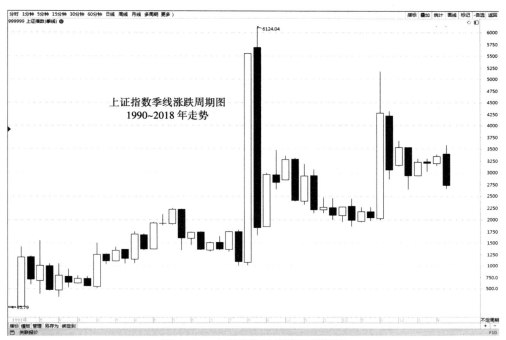

图 1-13 上证指数季线涨跌周期图

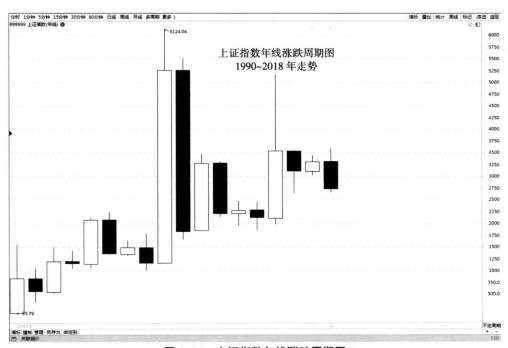

图 1-14 上证指数年线涨跌周期图

为什么说涨跌周期图又叫涨跌轮换图呢？

因为在涨跌周期图中，每一个K线都必然涨（或连涨）然后跟着跌（或连跌），然后又跟着涨（或连涨）……所以这种主图才被称为"涨跌周期图"。然而在股市中，知道和使用这种主图的人不多，所以才有研究的价值。

通过多年总结，我发现在这个主图中存在一种错误率低、收益率不错的可交易形态，即"1+1"交易形态。

我发现的高胜算"1+1"交易形态通常出现在周线、月线上，所以，我们重点关注这两个周期下的涨跌周期图走势。

二、什么是"1+1"形态

为什么叫"1+1"形态呢？因为这几个K线图看上去就像"1+1"一样，这样描述就简单易记、形象生动，如图1-15和图1-16所示。

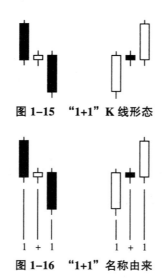

图1-15　"1+1"K线形态

图1-16　"1+1"名称由来

如图1-17所示，对"1"的要求是：

（1）阴K线下跌幅度大于5%。

（2）阳K线上涨幅度大于5%。

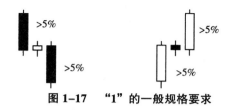

图 1-17 "1"的一般规格要求

如图 1-18 所示，对"+"的要求是：

（1）阴 K 线下跌幅度小于 2%。

（2）阳 K 线上涨幅度小于 2%。

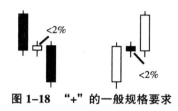

图 1-18 "+"的一般规格要求

（3）特例：只要上影线或下影线的长度是实体的 2 倍以上，不管涨跌幅度是否小于 2%都算合格！

下面来测试一下 2004~2009 年的上证指数季线涨跌周期图"1+1"形态，如图 1-19 所示。

如图 1-20 所示，从左下角开始，出现一个看上去很像"1+1"的形态，是不是符合我们之前的要求呢？仔细观察才知道，中间那个小阳线实际上涨幅度超过了要求中的 2%，所以，这是一个假的、不可信的"1+1"形态。

如图 1-21 所示，在两轮涨跌轮换后，左下角再次出现一个类似"1+1"的形态，仔细观察后发现，所要求的规格完全符合，这说明大盘到这里已经十分接近底部了，接下来可以做长期的买入计划。

图1-19 上证指数季线涨跌周期图

图1-20 一个"1"符合要求、"+"不符合要求的假"1+1"形态

图 1-21　2015 年低位出现一个"1+1"买入形态

　　用同样的形态、规格，继续寻找图中的"1+1"形态。

　　如图 1-22 所示，在 2006 年出现了一个上涨"1+1"形态，这个形态各项要求都符合，是一个提醒大盘将要有变动的信号。我们使用均线指标止盈，一是可以防止错过疯涨阶段，二是可以防止趋势反转（趋势反转，均线必定被跌穿）。

　　进入 2007 年以后，连续出现多个类似"1+1"的卖出形态。这次虽然"+"的规格不符合要求，却是在提醒高企的股价已经有相当的风险了。如有必要，适当利用均线止盈，而不能太过乐观，如图 1-23 所示。

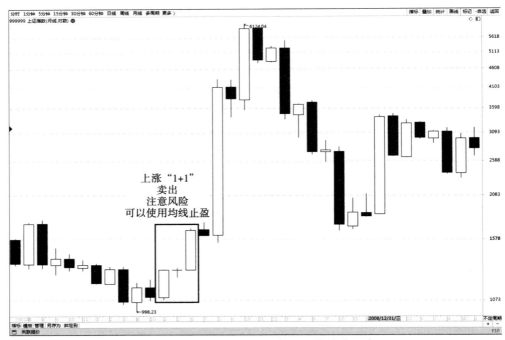

图 1-22 2006 年出现的上涨"1+1"卖出形态

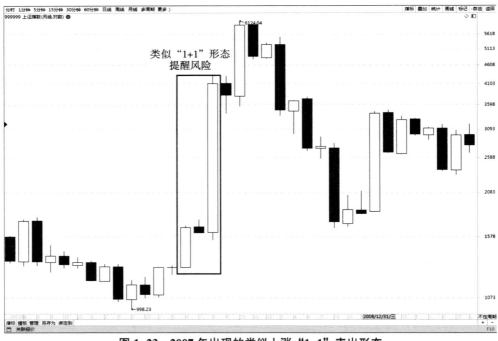

图 1-23 2007 年出现的类似上涨"1+1"卖出形态

在大盘创出 6124.04 点高位后，大盘指数开始回落，转而进入下跌周期，从而我们可以看到，类似而不符合要求的"1+1"卖出形态可以提示风险的增加，如图 1-24 所示。

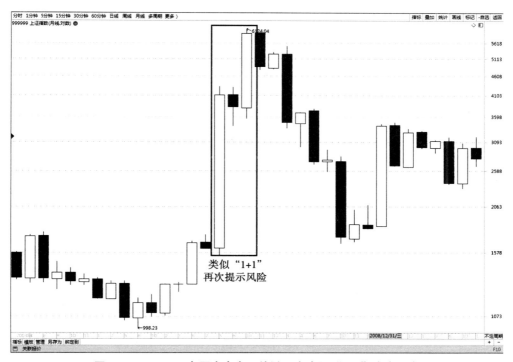

图 1-24　6124.04 点历史高点，伴随一个类似"1+1"卖出形态

在 2008 年大盘暴跌之后，指数在低位出现"1+1"买入形态，这是一个可以开始长期买入的信号，如图 1-25 所示。

在 2009 年，大盘经过一段报复性回涨后，指数在涨跌周期图上出现了"1+1"卖出形态，再次提醒风险高企，不过可以利用均线进行止盈，如图 1-26 所示。

图 1-25　2008 年底出现"1+1"买入形态

图 1-26　2009 年后出现"1+1"卖出形态

虽然中间的"+"的跌幅超过了2%，可是上影线的长度是实体的数倍以上，所以，符合"1+1"卖出形态。

之后行情先跌破了长期均线的支撑，随后不断震荡下跌，说明本次出现的"1+1"卖出形态确实提醒得很到位。

不管是大盘指数还是个股，都可以利用这个形态进行交易。

因为这个系统在操作上涉及一些其他技术指标，所以，下面我们介绍这些相关技术指标。

三、什么是均线指标

一般的股票软件默认显示的都是 5 日均线、10 日均线、20 日均线……可以根据个人喜好改变计算天数，在这里我们使用默认的天数进行解说，如图 1-27 所示。

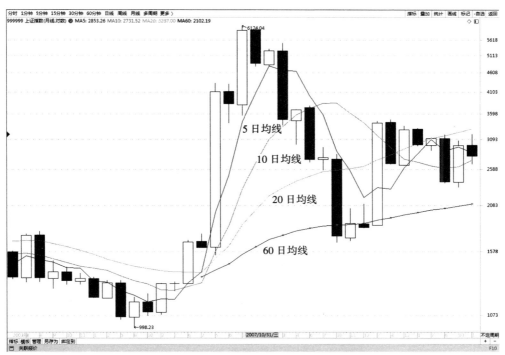

图 1-27　上证指数涨跌周期图中的均线指标

均线的多头排列是指从上到下依次是股价、天数少的均线到天数多的均线排列形态。图 1-28 中，从上到下分别是股价、5 日均线、10 日均线、20 日均线、60 日均线……

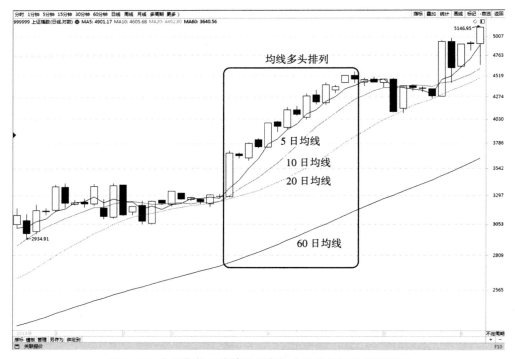

图 1-28　上证指数日线涨跌周期图中均线指标的多头排列

而相反的情况则叫作均线的空头排列，如图 1-29 所示。

短期均线上穿长期均线，都能称为金叉，并且也不局限于均线指标，其他技术指标也能通用，如图 1-30 所示。

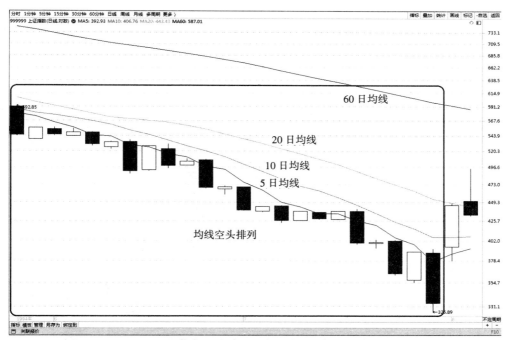

图 1-29 上证指数日线涨跌周期图中均线指标的空头排列

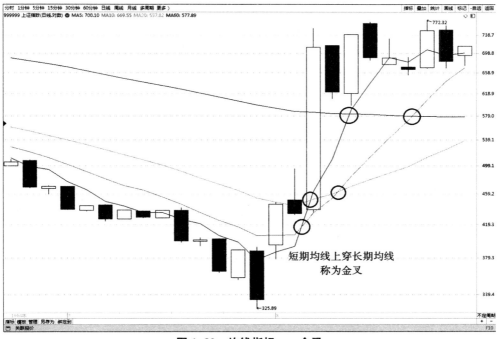

图 1-30 均线指标——金叉

短期均线向下跌穿长期均线，就称为死叉，也不局限于均线指标，其他技术指标也能通用，如图 1-31 所示。

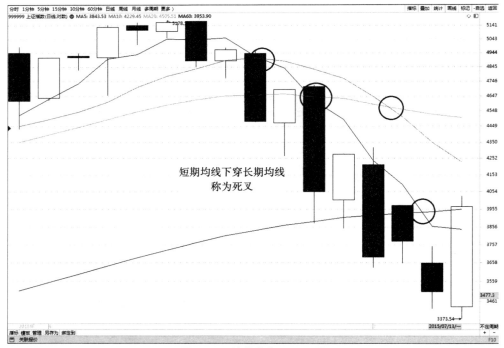

图 1-31　均线指标——死叉

均线一般了解这么多已经足够用了。我们这里还需要了解股价和长期均线的关系，以便将其用于止盈止损或买入卖出的判断。

对于之前 2007 年以来大周期下的涨跌周期图多次发出的高风险提示，我们可以利用长期均线在日线图或日线涨跌周期图上进行止盈，尽量让利润最大化。因为风险已经高企，所以，不要有恋战情绪，也不能对未来行情太过乐观，如图 1-32 所示。

相较于均线指标（简称 MA），还有一种指标比较出名，它就是 MACD 指标。

图1-32　均线被跌穿，止盈卖出

四、什么是MACD指标

这是一个公认并被大多数投资者使用的技术指标，对我们以后的行情研判还是可以辩证使用的，如图1-33所示。

MACD低位金叉是一个可以参考的买入信号，但是单独使用的成功率不高，如图1-34所示。

图 1-33　MACD 指标

图 1-34　MACD 低位金叉

MACD 高位死叉同低位金叉一样，只能说是一个可参考的卖出信号，单凭高位死叉就卖出太过鲁莽，如图 1-35 所示。

图 1-35　MACD 高位死叉

MACD 低位二次金叉是指连续两次的低位金叉，并且要求第二次出现的金叉在位置上要高于前一次出现的金叉，如图 1-36 所示。

MACD 高位二次死叉是指连续两次的高位死叉，而且还要求第二次出现的死叉在位置上要低于前一次出现的死叉，如图 1-37 所示。

图 1-36 MACD 低位二次金叉

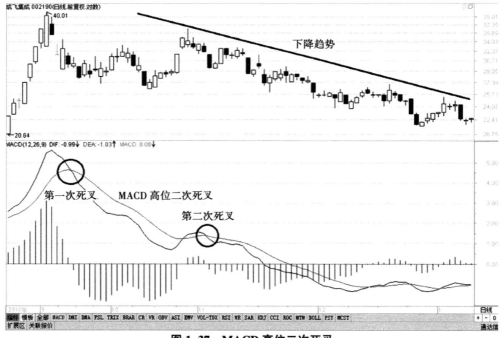

图 1-37 MACD 高位二次死叉

从正确率上看，二次金叉或死叉要比单纯的金叉或死叉要高，其他可以参考的信号还有顶背离和底背离。

MACD底背离是一个成功率较高的买入信号，通常伴随着低位二次金叉出现，如图1-38所示。

图1-38　MACD底背离

同底背离一样，MACD顶背离是一个成功率较高的卖出信号，也伴随着MACD指标的高位二次死叉出现，如图1-39所示。

图 1-39　MACD 顶背离

　　我们已经了解了一些相关的指标知识，下一章将对各周期下各个"1+1"形态进行解说。

第二章 上证指数 涨跌周期图 "1+1" 形态

什么是月线涨跌周期图 "1+1" 形态?

月线涨跌周期图 "下跌 1+1" 与 "上涨 1+1" 形态如图 2-1 所示。

图 2-1 月线涨跌周期图 "下跌 1+1" 与 "上涨 1+1" 形态

"下跌 1+1" 形态: 这个形态首先要求出现超过 5% 的跌幅, 回调不超过 2%, 接下来再次下跌并且跌幅同样超过 5%。这个行情之后有很大概率会反转上涨。如果有其他指标同步则更能确认信号的可靠性。

这个形态提示可以进行买入操作。

买入点:

(1) 下个月指数或股价开始上涨, 导致阴 K 线定型, 这时可以买入。

(2) 周线涨跌周期图也出现 "下跌 1+1" 形态时, 等到某一周反转上涨时买入。

(3) 常规日线图上, 长期均线被向上突破后, 买入。

注: 买入点 (1) 和买入点 (2) 必须符合至少一项, 买入点 (3) 或其他指标发出的买入信号可以加强信号的可靠性。

"上涨 1+1" 形态: 这个形态首先要求出现超过 5% 的涨幅, 回调不超过 2%, 接下来再次上涨而且幅度必须超过 5%。这个行情之后有很大概率会反转向下。如果有其他指标同步则更能确认信号的可靠性。

这个形态提示可以进行卖出操作。

卖出点：

（1）下个月指数或股价开始下跌，导致阳 K 线定型，这时可以卖出。

（2）周线涨跌周期图也出现"上涨 1 + 1"形态时，等到某一周反转下跌时卖出。

（3）常规日线图上，长期均线被向下突破后，卖出。

注：卖出点（1）和卖出点（2）必须符合至少一项，卖出点（3）或其他指标发出的卖出信号可以加强信号的可靠性。

下面我们完整地讲解上证指数数次熊牛行情转换时出现的"1+1"形态。

一、第一轮 熊牛转换（1993~2001 年月线）

1993 年 7 月，上证指数走出一个类似"下跌 1+1"的 K 线形态。不过在规格要求上，中间的那根阳线涨幅不符合要求，上影线长度也未能超过实体的 2 倍，所以，我们判断这个类似的图形不属于买入信号，如图 2-2 所示。

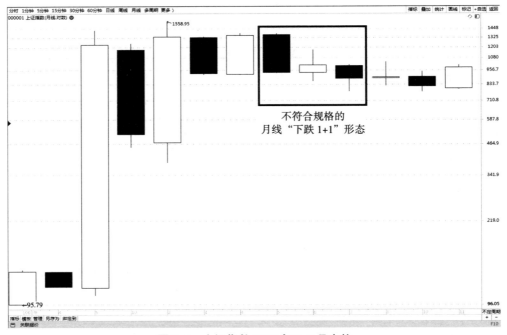

图 2-2　上证指数 1993 年 5~7 月走势

1993 年 10 月，上证指数再次走出一个类似"下跌 1+1"的形态。在规格要求上，中间的那个十字样的阳线的上影线过高，它甚至高过了前一个阴 K 线的最高点。这不能算是合格的"下跌 1+1"的形态，所以，这个买入信号不可靠，如图 2-3 所示。

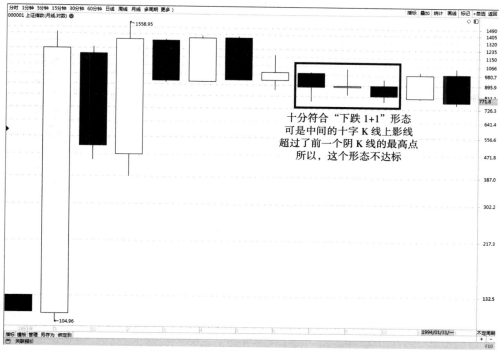

图 2-3　上证指数 1993 年 7~10 月走势

1994 年 7 月，上证指数在大幅暴跌后，形成"下跌 1+1"买入形态，规格要求上已经完全符合，这是一次可靠的买入信号，如图 2-4 所示。

接下来寻找具体买点，我们将走势图改变为常规日线图，如图 2-5 所示。

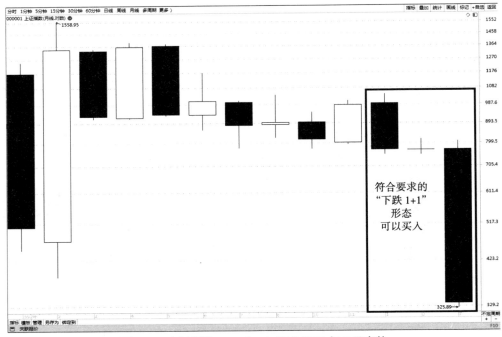

图 2-4　上证指数 1993 年 12 月至 1994 年 7 月走势

图 2-5　上证指数 1993 年 12 月至 1994 年 7 月常规日线图走势

从图 2-5 中我们可以看到，1994 年 7 月，上证指数在大幅暴跌后，各类均线均呈空头排列形态。如果打算买入，最稳妥的办法是等待指数或股价向上突破60 日均线，如图 2-5 所示。

1994 年 8 月 1 日，上证指数当日跳空高开高走，逼近 60 日均线点位，如图2-6 所示。

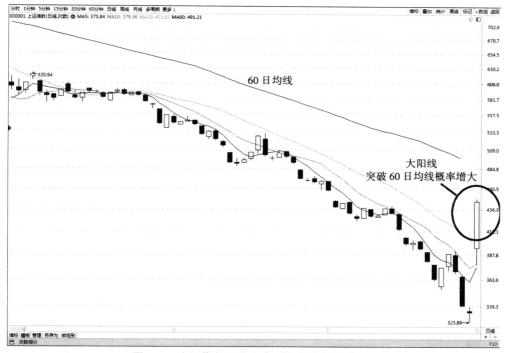

图 2-6　上证指数寻找买点（期货或指数基金）

1994 年 8 月 2 日，上证指数盘中曾一度突破了 60 日均线的压制，但是没有坚持多久就又回到 60 日均线之下，还是不适合看多做多。如图 2-7 所示。

8 月 3 日，大盘再接再厉，将指数推高到 60 日均线之上，完成了买入信号的确认。这意味着大盘的反转向好，购买指数基金或者股指期货的投资者可以考虑看多、做多、买入，如图 2-8 所示。

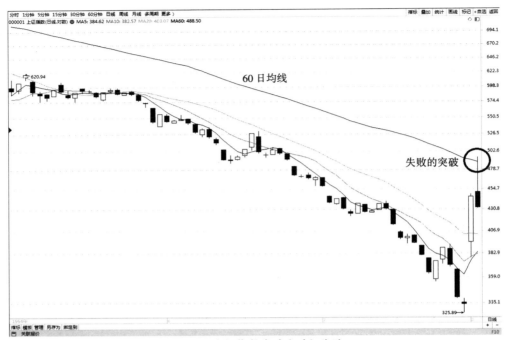

图 2-7　上证指数尝试突破但失败

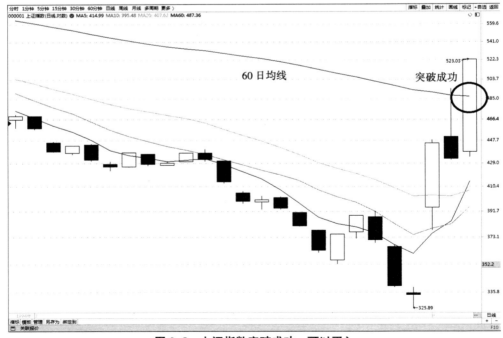

图 2-8　上证指数突破成功，可以买入

自"下跌 1+1"买入形态出现后，大盘开始暴涨。虽然从高位回落了一部分而形成一段上影线，但是还没有形成"上涨 1+1"的卖出形态，保持持股态势不变，继续等待卖出信号，如图 2-9 所示。

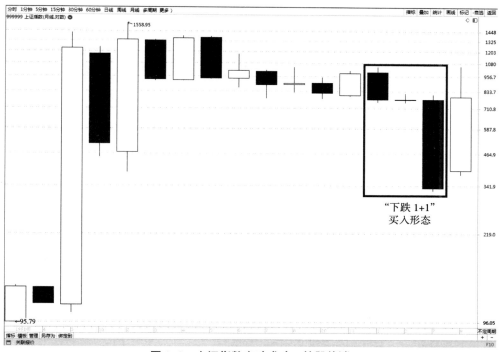

图 2-9　上证指数突破成功，持股待涨

1995 年 2 月，上证指数再次发出买入信号。虽然中间的十字形 K 线上涨超过了 2%，但是它的上影线长度是实体的 2 倍以上，所以，这个"下跌 1+1"买入形态也是合格的。这表示大盘仍将继续上涨，之前错过机会的投资者还可以补票上车，如图 2-10 所示。

虽然连续发出了两次买入信号，但是上证指数的涨幅仍然不明显，甚至被打回到第二次买入信号的点位以下，如图 2-11 所示。

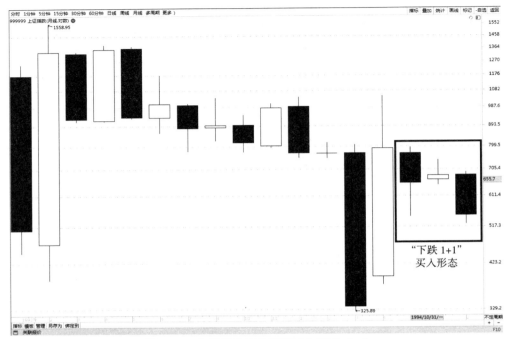

图 2-10　上证指数再次出现买入信号（一）

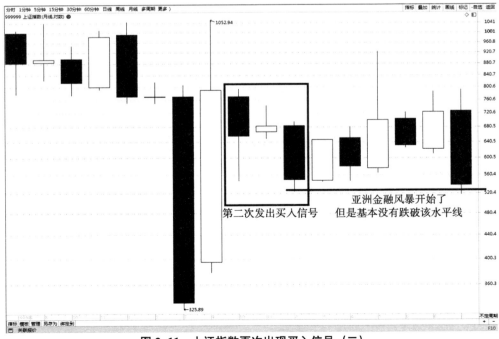

图 2-11　上证指数再次出现买入信号（二）

亚洲金融风暴导致上证指数本来可以继续上涨的势头被拖延了，如图 2-12 所示。

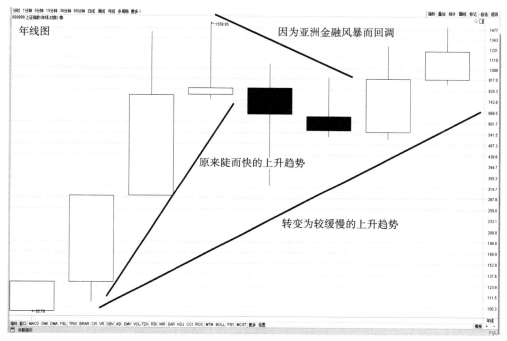

图 2-12　上证指数遭遇金融风暴

亚洲金融风暴开始阶段，对上证指数影响不小，导致两次买入信号发出后股指没能及时上涨，反而让上证指数进入横盘阶段，如图 2-13 所示。

既然能横盘，说明抗跌能力强，缓过劲后必然恢复上涨势头。

1996 年 7 月，上证指数缓过劲后，开始尝试突破震荡区间的上沿，如图 2-14 所示。

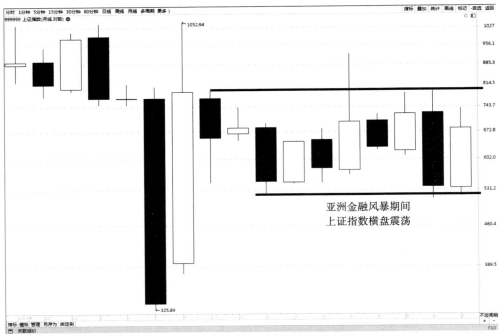

图 2-13　上证指数金融风暴与横盘震荡

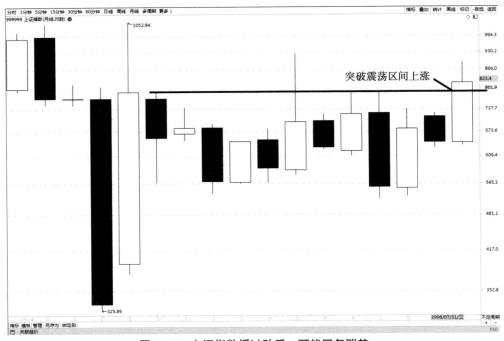

图 2-14　上证指数缓过劲后，可能回复涨势

　　11月，上证指数已经不再受金融风暴的影响，突破并不断上涨，这让之前买入的投资者开始有了不菲的账面盈利。可是，同时我们也看到了一个"上涨1+1"卖出形态。这表示未来的上涨也同样存在不小的风险，如图2-15所示。

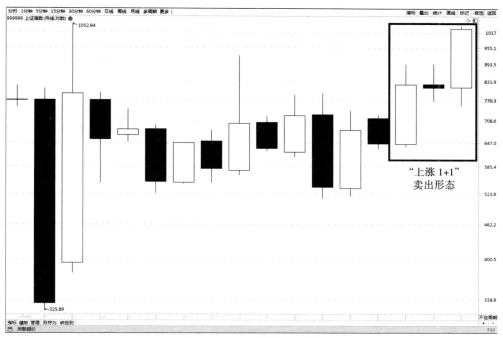

图 2-15　上证指数恢复涨势

　　这时应该怎么办？

　　我们可以利用均线指标进行止盈止损。

　　如图2-16所示，我们调出10月均线，也可以是日线级别的中长期均线。指数虽然一度创出新高，但是没有保持多久。不过均线也并没有被跌破，仍然可以持股待涨。

　　随后上证指数再次上涨并且再度创出新高，如图2-17所示。

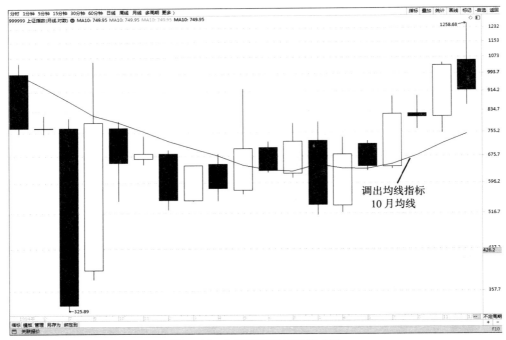

图 2-16　上证指数利用均线止盈

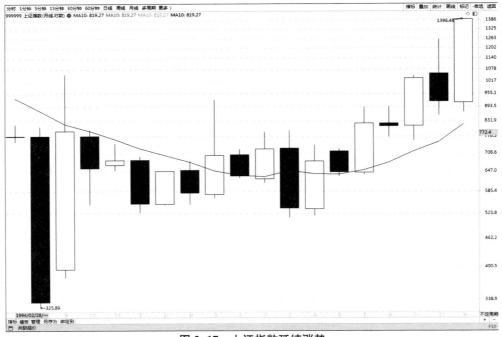

图 2-17　上证指数延续涨势

1997年9月，亚洲金融风暴再次影响了上证指数的涨势，之前的涨势回落了50%。不过仔细一看，最近的涨跌周期图出现了"下跌1+1"买入形态，这个信号提示上证指数还将继续上涨，如图2-18所示。

图 2-18　上证指数仍将延续涨势

1998年5月，上证指数回调并得到了均线的支撑，开始大幅回涨，如图2-19所示。

还是因为亚洲金融风暴，上证指数再次进入横盘震荡阶段，只好等待，暂时持股待涨，如图2-20所示。

图 2-19 上证指数再续涨势

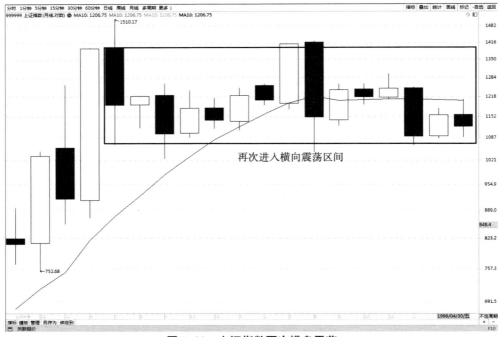

图 2-20 上证指数再次横盘震荡

本次低位发出的"下跌1+1"买入形态可以买到较低的点位，根据"上涨1+1"卖出形态或均线止盈，又可以卖在相对较高的点位。本次指数交易盈利不菲，当然耗时也不短，如图2-21所示。

图2-21　上证指数月线涨跌周期图——买卖全景图

二、第二轮　熊牛转换（2001~2007年月线）

2001年，上证指数创出了新高，新高点位在2245.43点。随后指数开始迅速下滑，并可以看到已经形成了类似"下跌1+1"的形态，不过规格要求不完全符合。所以，不属于可靠的买入信号，如图2-22所示。

如图2-23所示，从上证指数月线涨跌周期图上看，又出现了疑似"下跌1+1"的买入形态，可是中间的十字形K线不符合我们的要求，所以这也不是可靠的买入信号。

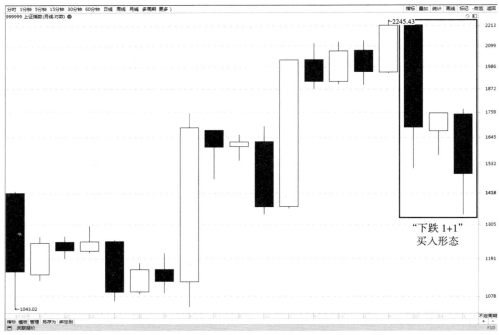

图 2-22　上证指数 2001 年高点

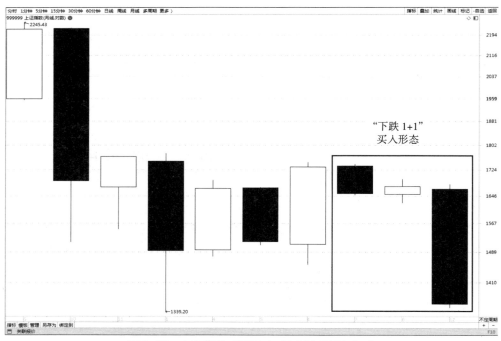

图 2-23　上证指数"下跌 1+1"买入形态（一）

如图 2-24 所示，指数在不可靠的 "下跌 1+1" 买入形态之后形成了一组可信的 "上涨 1+1" 卖出形态，这意味着股指还要继续下跌。

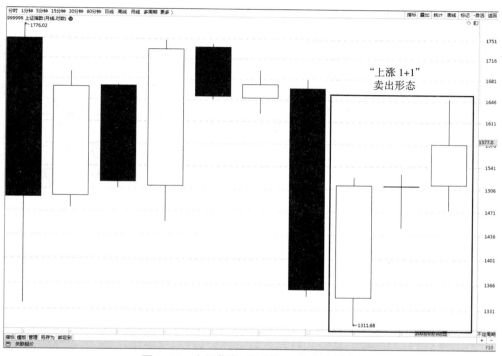

图 2-24　上证指数 "上涨 1+1" 卖出形态

正如卖出信号所示，指数开始了下跌。近期形成了一个可识别并且符合各项要求的 "下跌 1+1" 买入形态，我们可以转入常规日线图，用均线指标寻找具体的买点了，如图 2-25 所示。

在日线图上看，目前的行情是均线空头排列，需要等待行情反转上涨，才有可能形成具体的买点，如图 2-26 所示。

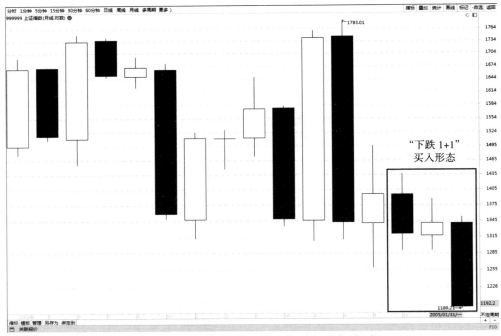

图 2-25　上证指数"下跌 1+1"买入形态（二）

图 2-26　上证指数进入常规日线图，调出均线指标

如图 2-27 所示，下一个交易日，上证指数报收一巨大阳线，是不是预示着反转即将开始呢？

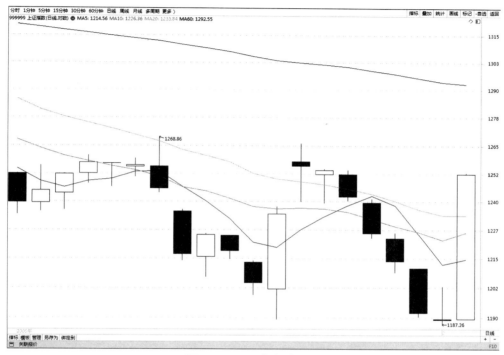

图 2-27 上证指数大阳线

紧接着又一个交易日，上证指数盘中一度创出新高，但尾盘回调，甚至低于前一天的收盘点位，如图 2-28 所示。

回调整理后，下一个交易日开始又继续了上涨势头，如图 2-29 所示。

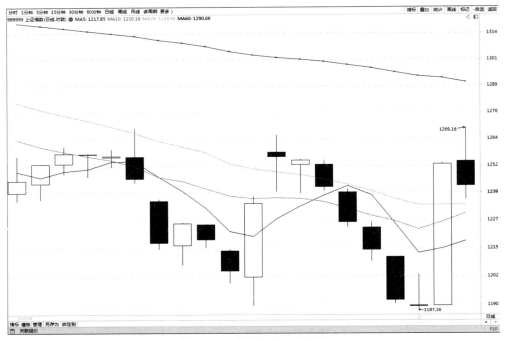

图 2-28　上证指数回调整理

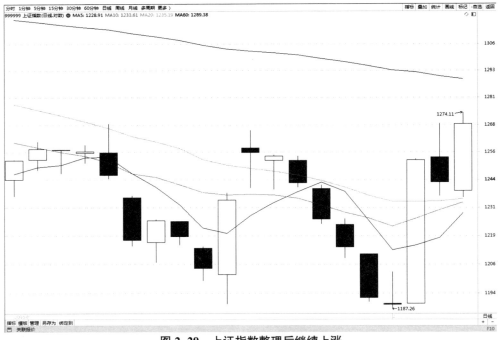

图 2-29　上证指数整理后继续上涨

2005年2月16日，大盘一度突破了60日均线的压制，可是没有坚持太久，尾盘回落到60日均线之下，如图2-30所示。

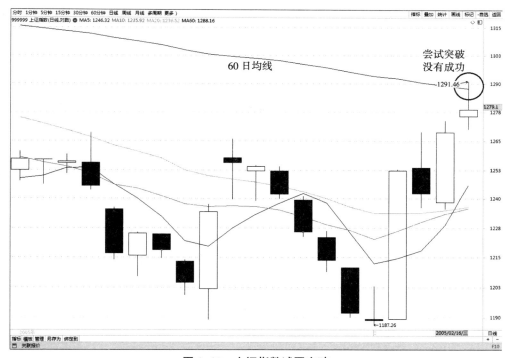

图2-30 上证指数试图突破

2月17日，大盘基本维持横向震荡的走势。在大幅度回调的过程中，似乎在5日均线位置上得到了支撑，加上之前在60日均线上受到的压制，估计未来指数会在60日均线和5日均线附近进行震荡盘整，如图2-31所示。

2月18日，大盘指数跌破预计的震荡区间下沿。因为我们是在寻找买入机会，所以，出现这样的情况不必惊慌，只需要等待，如图2-32所示。

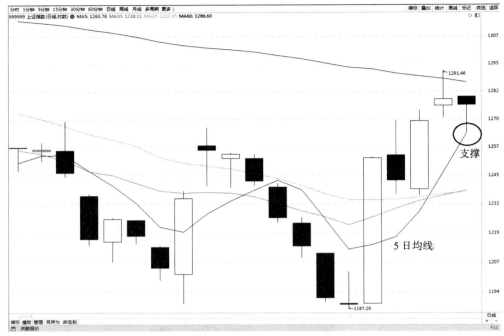

图 2-31　上证指数开始横盘震荡

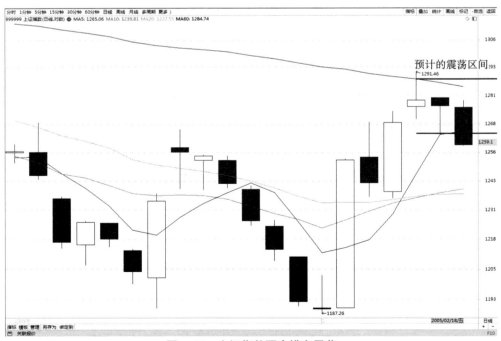

图 2-32　上证指数再次横盘震荡

2月21日，新的一周开始！大盘指数迎来了新一轮的上涨，指数最终站到了60日均线之上，这个时候预示着我们期待中的买点已经出现，如图2-33所示。

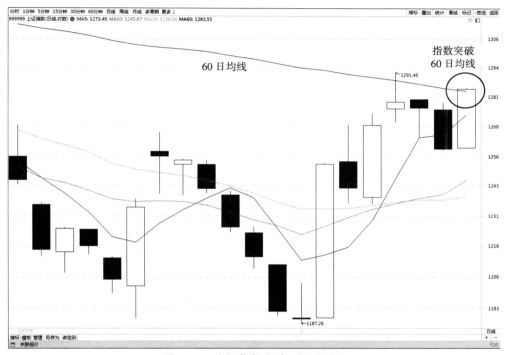

图2-33　上证指数突破！可以买入

下一个交易日，指数继续高走，5日、10日、20日均线都已经转头向上，形成多头排列的姿态，如图2-34所示。

紧跟着在这个交易日出现了一个典型的十字星K线形态，开盘点位与收盘点位一样或几乎一样。这意味着指数有反转或是进入横盘整理区间的可能，未来是不是继续上涨还不好说。为防止意外发生，可以：

（1）及时落袋为安。

（2）等待整理区间被突破。如果是向上突破则利于看多做多；如果是向下跌破则利于看空做空。

比较稳妥的办法是及时落袋为安，然后观察后续走势再决定采取什么应对策略，如图2-35所示。

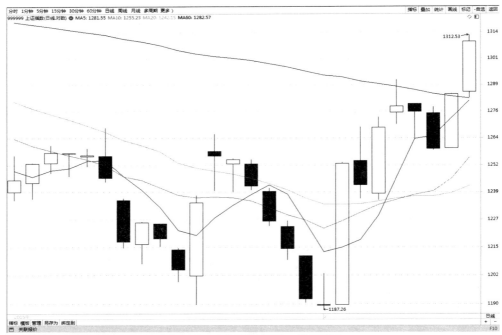

图 2-34 上证指数突破！继续高走

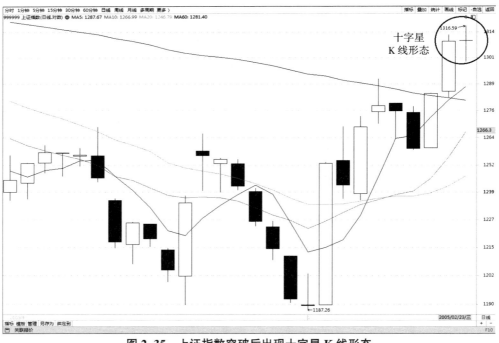

图 2-35 上证指数突破后出现十字星 K 线形态

出现十字星之后，又报收一个实体不大，下影线极长的 T 形线，预计指数开始了新一轮的盘整震荡行情，未来方向不明，如图 2-36 所示。

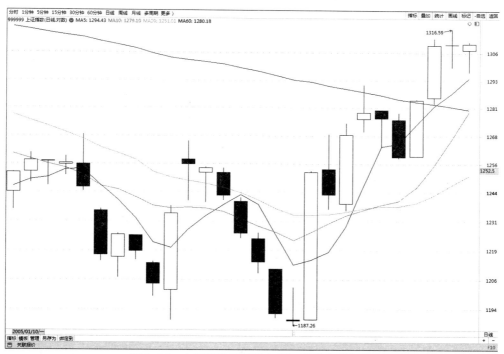

图 2-36　上证指数开始进入新一轮的盘整行情

指数开始横向震荡后，这一个交易日虽然创出了上涨以来新的高点，但是尾盘又回落了下来。相较于开盘点位，几乎没有上涨，指数上行的压力不断增加，适合退出观望，如图 2-37 所示。

指数进入了新一轮的震荡行情，如图 2-38 所示。

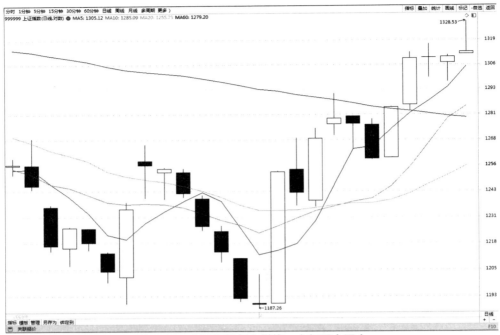

图 2-37　上证指数长上影线，上行压力不小

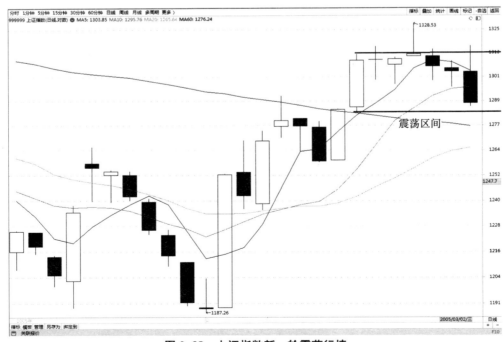

图 2-38　上证指数新一轮震荡行情

如果未来指数向上突破区间上沿，则适合看多做多。

如果未来指数向下跌破区间下沿，则适合看空做空。

指数在本交易日内一度下探到了60日均线的点位，并得到了60日均线的支撑，又重新回到了震荡区间中，如图2-39所示。

图2-39 上证指数区间震荡

三个交易日后，指数从震荡区间下沿开始迅速上涨，并突破了之前区间的上沿，如图2-40所示。

这次突破可靠吗？不好说。

因为之前有过突破，而且突破的高点比今日还高，而且也曾跌破过区间下沿，说明此前设置的区间需要调整。

经过调整，区间上下沿分别向上和向下扩张了一些。从这个新的区间看，今日看似突破的阳线其实还没有突破成功，还需要验明正身，如图2-41所示。

行情还是没有脱离之前的震荡区间，投资者仍需场外观望，如图2-42所示。

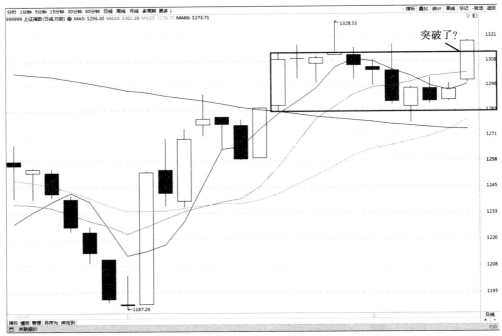

图 2-40　上证指数再次突破，但不知是否可靠

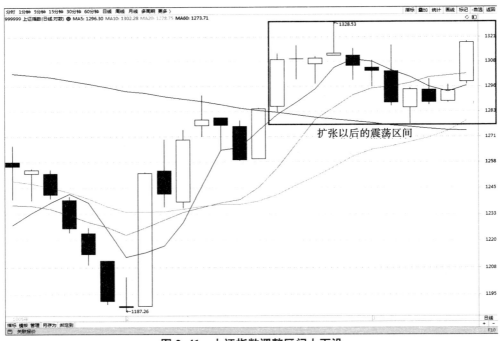

图 2-41　上证指数调整区间上下沿

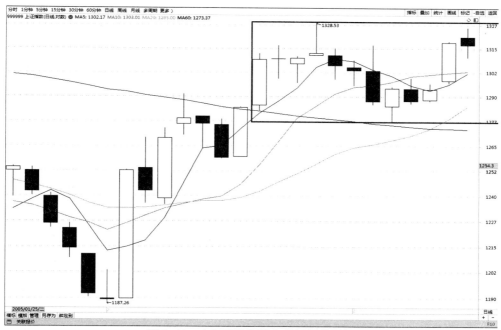

图 2-42　上证指数行情仍处于震荡区间

指数开始大幅度下跌，有向下跌穿区间下沿的势头，如图 2-43 所示。

图 2-43　上证指数尴尬的震荡行情

从之后的两个交易日来看。

第一个交易日指数报收一个小实体，上下影线还不算太长。

从第二个交易日报收的日 K 线来看，有着极长的上下影线，表示多空争夺的激烈拉锯战，如图 2-44 所示。

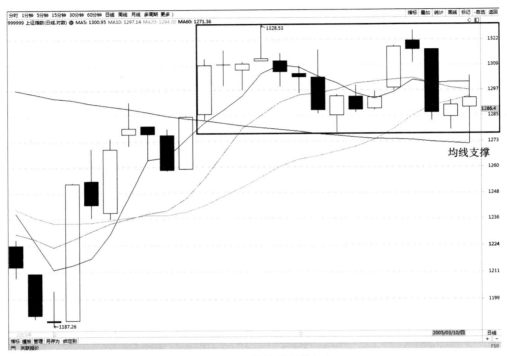

图 2-44　上证指数激烈的争夺

好景不长，上证指数同时跌穿了区间的下沿与 60 日均线的支撑，如图 2-45 所示。

之后指数开始一路下滑，各参数的均线形成了空头排列形态，如图 2-46 所示。

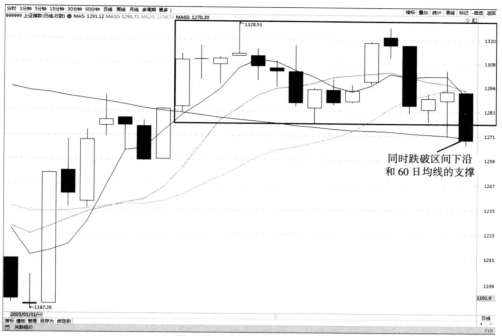

图 2-45 上证指数向下突破

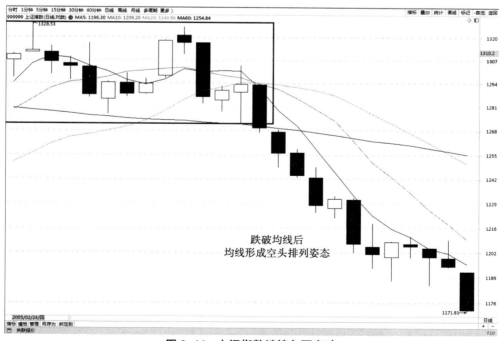

图 2-46 上证指数继续向下突破

这次月线涨跌周期图的"下跌 1+1"形态，自信号发出以来，在这里出现了问题，行情并没有走出预计的上涨势头，而是上涨得少，并且反而开始下跌了，这意味着未来指数还将下跌，不过下跌的幅度不会太大，我们可以再继续耐心地等待股指向上突破均线的信号。

2005 年 4 月 1 日，股指已连续两个交易日上涨了，而且今日的上涨幅度不小，如图 2-47 所示。

图 2-47　上证指数开始反转上涨

4 月 6 日，股指连续回落两个交易日后，开始试图恢复涨势，如图 2-48 所示。

4 月 7 日，股指上涨，盘中股指曾经触碰到 60 日均线的点位，但是没有坚持并站于其上，尾盘回落不少，这表明股指的上行压力不小，如图 2-49 所示。

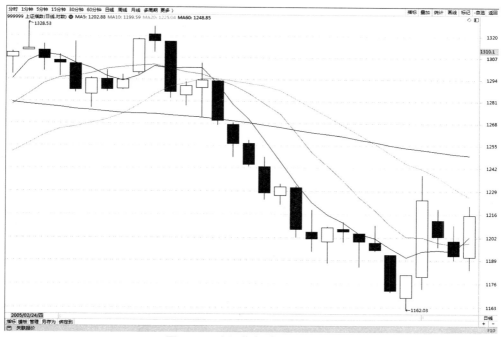

图 2-48 上证指数试图恢复涨势

图 2-49 上证指数上行受阻

4月8日，这个周末股指重新回到了前一天的高位，但是也仅仅维持在均线附近收盘，并没有站于其上，如图2-50所示。

图2-50　上证指数受60日均线连续压制

4月11日，上证指数在均线附近开盘，曾一度突破过60日均线的压制，可遗憾的是，股指依然没能在收盘阶段保持在60日均线之上，如图2-51所示。

在数个交易日后，指数依然没能成功站于60日均线之上，60日均线就是股指上行的高压线，如图2-52所示。

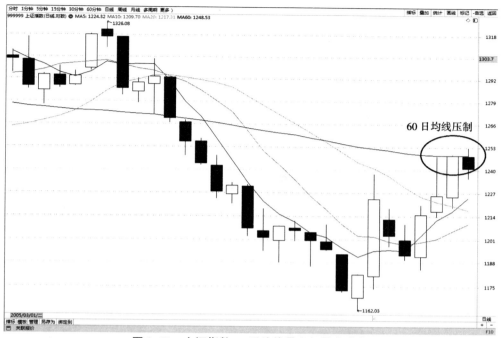

图 2-51 上证指数 60 日均线是上行最大难关

图 2-52 上证指数 60 日均线是股指上行高压线 (一)

在股指连续 5 次试图突破 60 日均线不成功之后，股指开始选择了向下深跌，其下跌幅度实在可观，如图 2-53 所示。

图 2-53　上证指数 60 日均线是股指上行高压线（二）

2005 年 6 月 8 日，股指报收一个超大阳线，这在平时是很少看到的，但不能太过乐观，如图 2-54 所示。

6 月 9 日，股指再次试图向上突破 60 日均线，可是还没碰到该均线，股指就已经缴械投降了。

10 日，股指报收阴 K 线，说明本次上涨仅仅属于反弹而已，如图 2-55 所示。

图 2-54　上证指数超大阳线出现

图 2-55　上证指数 60 日均线依然是上行中不可逾越的鸿沟（一）

6月27日，上证指数又一次向上突破60日均线，还是和之前一样，又被60日均线压制了回来，如图2-56所示。

图 2-56 上证指数 60 日均线依然是上行中不可逾越的鸿沟（二）

在多次突破60日均线未遂之后，股指彻底溃败，连续半个月下跌，已经接近前期的最低点了，如图2-57所示。

2005年7月27日，股指终于突破了长期以来60日均线的压制，并且收盘点位高于60日均线。这个时候就是此前"下跌1+1"买入形态所需要等待的具体的买点位置，买入股指期货或指数基金，如图2-58所示。

图 2-57　上证指数 60 日均线压制带来的股指溃败

图 2-58　上证指数成功突破，来之不易

我们将常规日线走势图调回月线涨跌周期图，如图 2-59 所示。我们的实际买入点位在将来两个涨跌周期中都有机会拿到，这是一个较好的长线买点点位。

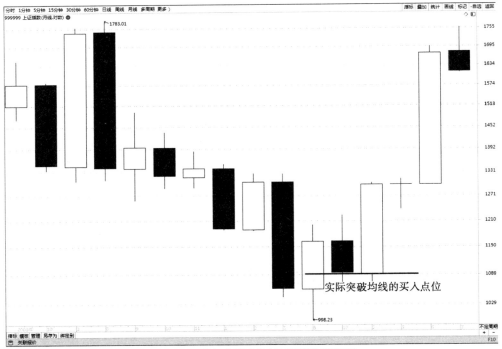

图 2-59　上证指数调回月线涨跌周期图

在这个下跌周期中，我们看到了一个标准的十字星 K 线。此前的行情虽然上涨，但是这个十字星意味着变化，当然有可能是上涨也有可能是下跌，如图 2-60 所示。

在股指处于低位时出现"上涨 1+1"卖出形态，我们最好把它当成提前预警信号，因为股指已经长期处于低位，而且具体的买入信号刚发出不久。这么快出现卖出信号太快、太突然，具体的应对方法是使用均线跟踪止盈，这样做可以跟踪到上涨趋势结束，如图 2-61 所示。

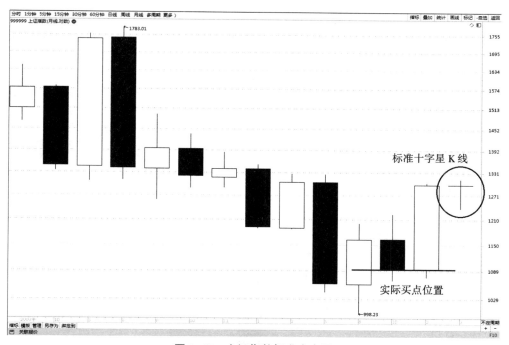

图 2-60　上证指数标准十字星

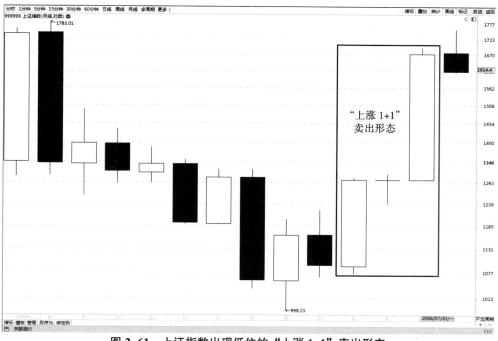

图 2-61　上证指数出现低位的"上涨 1+1"卖出形态

为了方便跟踪，我们调出参数为 5 的均线指标。只要股指跌破它或者通过各项对比发现上涨力道逐渐衰退时，就可以当作此次"上涨 1+1"卖出形态的信号延后而及时卖出或做空，如图 2-62 所示。

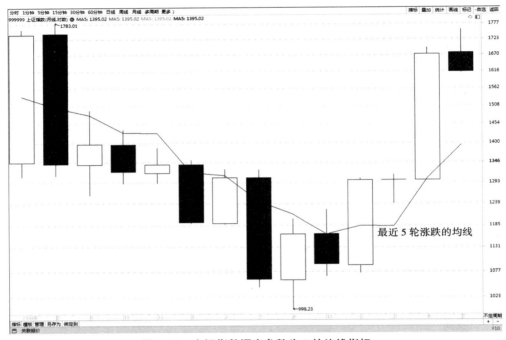

图 2-62　上证指数调出参数为 5 的均线指标

2007 年 5 月，指数拉出巨大阳线，拉开了股指与均线的距离。随后下跌周期中，收出一个有两倍实体长度的下影线十字星。如果在下一个上涨周期中，涨幅高于 5% 的话，就应该用日线上的 60 日均线进行止盈，或者按原计划用当前周期下的参数 5 均线止盈，都可以，如图 2-63 所示。

2007 年 11 月，指数拉出了一根实体较大的阴 K 线。对比前几次下跌周期的实体，我们发现下跌周期的实体在不断增大，而上涨周期的阳线实体却开始变小，特别是 12 月报收的小阳线。这说明下跌力量已经强过了上涨力量，这是可以卖出的信号，如图 2-64 所示。

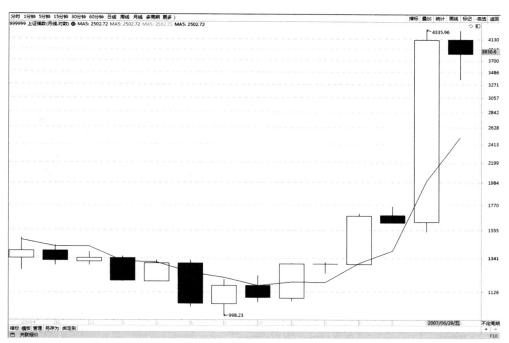

图 2-63　上证指数大牛市

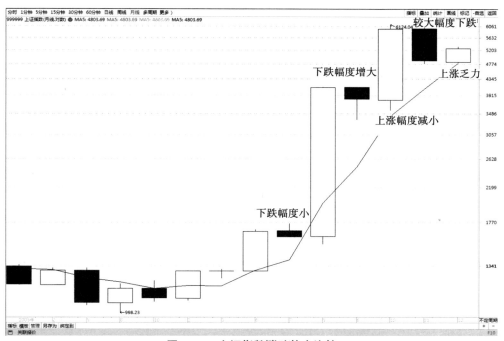

图 2-64　上证指数涨跌势力比较

2008 年初，如果错过了之前的卖出机会，那么这时行情开始转变为以下跌为主角了，其力量必定强于上涨，必须及时清仓，如图 2-65 所示。

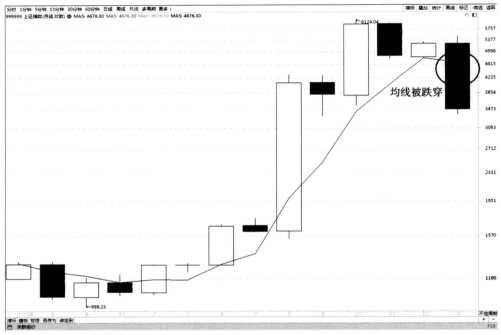

图 2-65 上证指数均线被跌穿，尽快清仓

如果之前是日线周期下的 60 日均线止盈，则卖出的位置略低些，如图 2-66 所示。

不过因为是均线，高位舔血的机会也还是有的。

比如说"5·30"事件后，大盘又开始了最后的疯狂，这时股指再次向上突破了 60 日均线。我们可以在这个时候重新追高，但在股指跌破该均线时一定不要迟疑，尽快清仓，以免被套牢在高位，如图 2-67 所示。

图 2-66　上证指数日线周期下均线止盈（一）

图 2-67　上证指数日线周期下均线止盈（二）

用阴 K 线的收盘价乘以 1.05，得到预估的上涨周期上涨 5%点位，以便在股指向上突破这一点位时转换为日线周期下的均线进行止盈，如图 2-68 至图 2-70 所示。

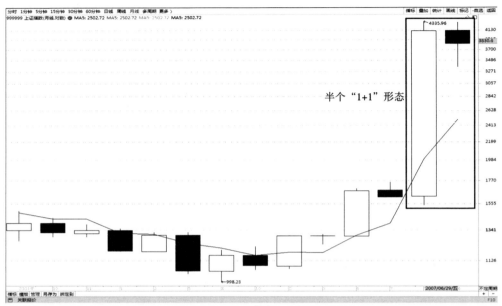

图 2-68　上证指数灵活运用

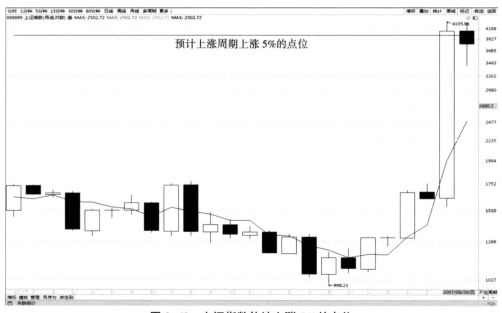

图 2-69　上证指数估计上涨 5%的点位

图 2-70　上证指数高位舔血

各种交易法或策略的盈利基本相当。

三、第三轮　熊牛转换（2007~2009 年月线）

2008 年 3 月，市场毫不留情地把 2007 年 5 月以后跟进的投资者套牢在高位，没有及时撤离的投资者必定出现大额账面亏损，如图 2-71 所示。

3 月暴跌才刚开始，从月线涨跌周期图上看，貌似出现了"下跌 1+1"买入形态。别急，再仔细看，其实中间的阳线并不符合要求。所以，这不是"下跌 1+1"买入形态。也就是说，行情还有可能继续下滑，暴跌才刚刚开始，如图 2-72 所示。

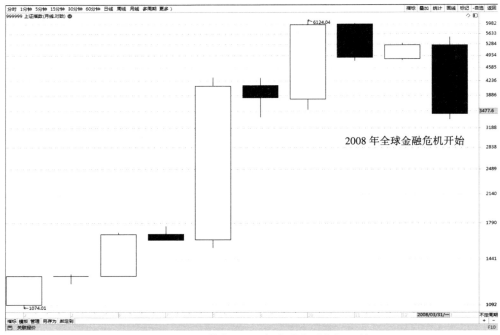

图 2-71　上证指数 2008 年全球金融危机开始

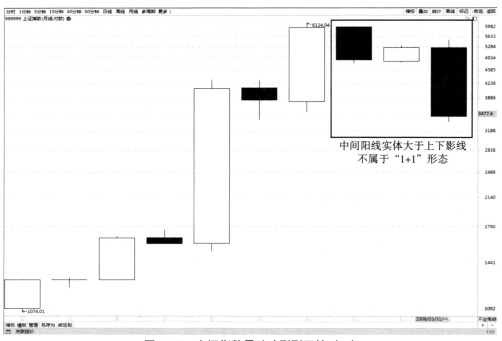

图 2-72　上证指数暴跌才刚刚开始（一）

又一轮上涨周期后，股指报收一下影线是实体两倍多的 T 形线。如果接下来的下跌周期中下跌能够超过 5%，就可以转换到日线图上跟踪 60 日均线寻找买点了，如图 2-73 所示。

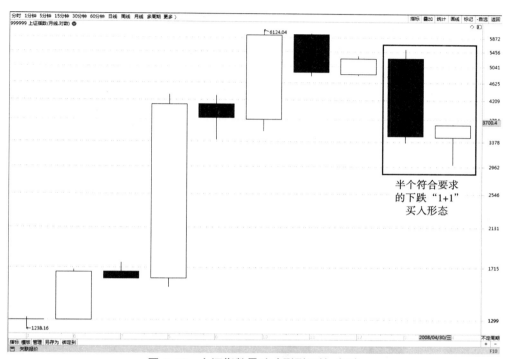

图 2-73　上证指数暴跌才刚刚开始（二）

果然在下一轮下跌周期中，股指下跌超过了 5%，即刻可以进入日线关注 60 日均线的走势，如图 2-74 所示。

又两轮涨跌周期后，股指再次发出"下跌 1+1"买入信号，如图 2-75 所示。

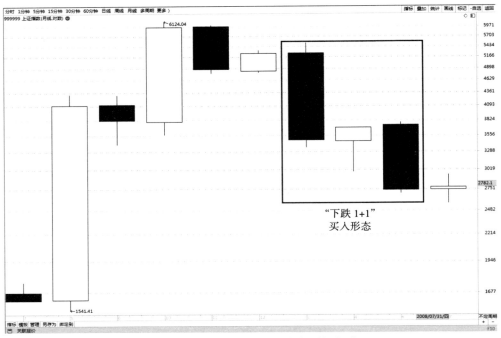

图 2-74　上证指数暴跌才刚刚开始（三）

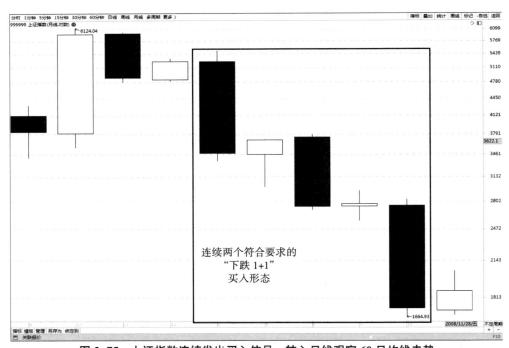

图 2-75　上证指数连续发出买入信号，转入日线观察 60 日均线走势

连续发出可靠的买入信号实在不多见，提醒我们快速追踪日线图上的 60 日均线走势。

即使两次发出买入信号，但是在日线图上看，60 日均线依然没有被有效突破过，所以，还需要等待具体的突破点出现，到时才是较好的买点，如图 2-76 所示。

图 2-76 上证指数 2007 年高点以来，行情一直不断下跌

如图 2-77 所示，指数似乎在低位开始了震荡整理行情。

熟悉 K 线形态的投资者对"看涨吞没线"一定不会陌生，目前来看这只算个势头，至于是不是真的突破，还要看后续走势，如图 2-78 所示。

图 2-77　上证指数等待指数突破 60 日均线

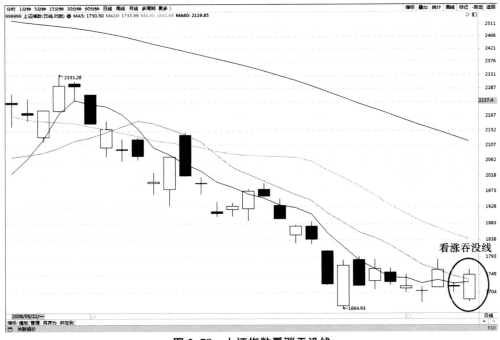

图 2-78　上证指数看涨吞没线

在"看涨吞没线"之后，指数一鼓作气，又突破了 20 日均线的压制，但是与 60 日均线还有一半的距离，如图 2-79 所示。

图 2-79　上证指数突破 20 日均线压制

又两个交易日后，股指回调过程中得到了 20 日均线的有力支撑，指数没有跌破 20 日均线，反而在其上得到了支撑，反转上涨，如图 2-80 所示。

连续三个交易日，股指顺着 5 日均线的支撑不断上涨，如图 2-81 所示。

图 2-80　上证指数 20 日均线从压制转变为支撑

图 2-81　上证指数在 5 日均线的支撑下，股指连续上涨

如果未来几个交易日股指能有效突破 60 日均线，那么就是之前两次发出的 "下跌 1+1" 买入形态的具体买点位置。

股指没有一鼓作气拿下 60 日均线，反而在盘中接近 60 日均线点位时被打回了原形，5 日均线的支撑不复存在，如图 2-82 所示。

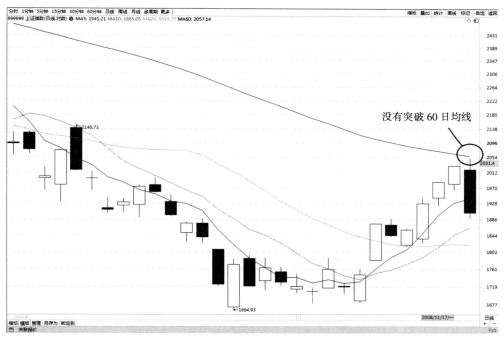

图 2-82 上证指数上涨势头被 60 日均线遏制

就在试图突破 60 日均线失败后，股指一度跌穿 5 日均线，但是却在 10 日均线上得到了新的支撑，并且再次对 60 日均线进行冲击，如图 2-83 所示。

目前来看，行情很可能在 60 日均线之下和 20 日均线之上进行来回震荡，如图 2-84 所示。

图 2-83　上证指数在 10 日均线上卷土重来

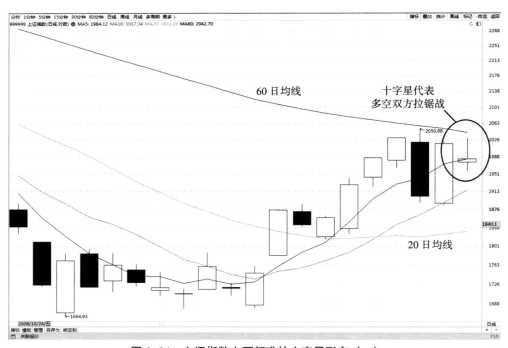

图 2-84　上证指数上下都难的十字星形态（一）

在十字星当日的 60 日均线和 20 日均线上分别作一条向右延长的水平线，如图 2-85 所示。

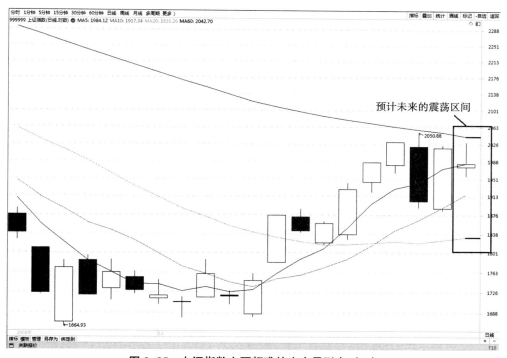

图 2-85　上证指数上下都难的十字星形态（二）

这样有利于判断区间是否被突破或者跌破，比较直观、方便。

指数在回调整理，这个交易日股指试图突破 60 日均线的压制，可是再次以失败告终，如图 2-86 所示。

指数在回调到震荡区间的下沿时，得到了支撑，反转上涨，当日报收一个光头阳线，上边紧挨着就是 60 日均线，如图 2-87 所示。

图 2-86　上证指数在震荡区间中震荡

图 2-87　上证指数再向虎山行

在指数突破了 60 日均线后，由于上影线非常长，所以，后续还会有一些震荡，如图 2-88 所示。

图 2-88　上证指数终于突破了 60 日均线

我们可以改变一下策略，在区间的偏下沿位置设置买入区，如图 2-89 所示。

这样我们可以在多空双方拉锯过程中，获得相对较低的买入点位。

当然如果按突破位置买入也没什么错。

这个交易日，股指向上突破了区间上沿。

如果之前在前一个交易日的长上影线已经买入，这里的突破就可以不用理会了。

如果是计划在区间偏下的区间买入，这里的突破是不是要跟进呢？既然选择了在区间下沿买入就按计划进行，所以，也不用理会，除非你没有时间再等了，再去追高，如图 2-90 所示。

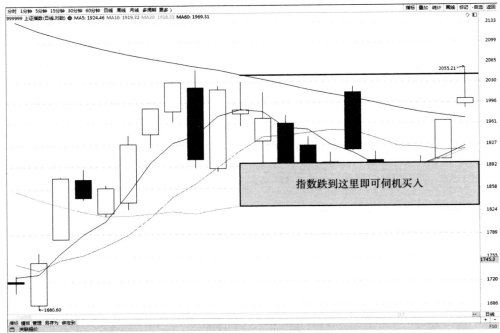

图 2-89 上证指数灵活多变

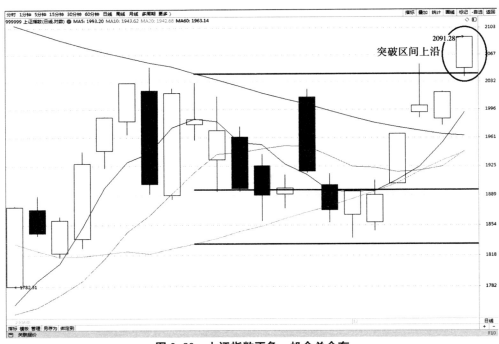

图 2-90 上证指数不急，机会总会有

　　四个交易日后，股指并没有站在区间上沿多久，又跌落回到了原来我们设置的震荡区间中，如图 2-91 所示。

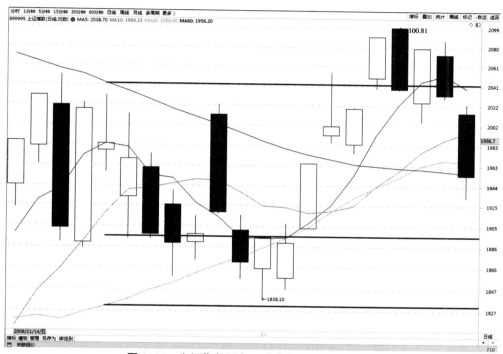

图 2-91　上证指数不急，追高是有风险的（一）

　　如果之前选择了突破追高，就显得过于激进了。

　　2008 年 12 月 23 日，股指在此前第二次试图突破 60 日均线未遂后，大幅回落，已经接近我们设置好的买入区间，未来数个交易日有可能让我们等到更低的指数点位，如图 2-92 所示。

　　在未来一周多的时间里，行情提供了多次区间低位的买入机会，如图 2-93 所示。

图 2-92 上证指数不急，追高是有风险的（二）

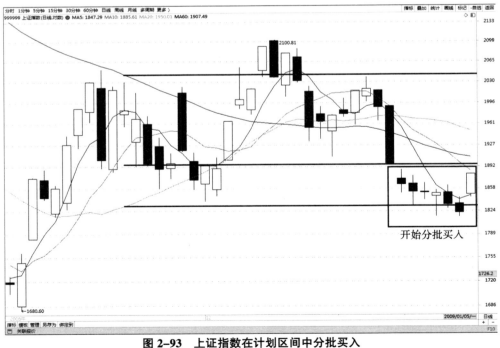

图 2-93 上证指数在计划区间中分批买入

随后的行情可以从图 2-94 看到，指数成功突破各道上行关卡，而我们的低位买入也相当理想。

图 2-94　上证指数买后就涨

回到月线涨跌周期主图界面，我们看到 2008 年连续出现的"下跌 1+1"买入形态，随后我们采取了均线突破和区间偏下位置的买入法，如图 2-95 所示。

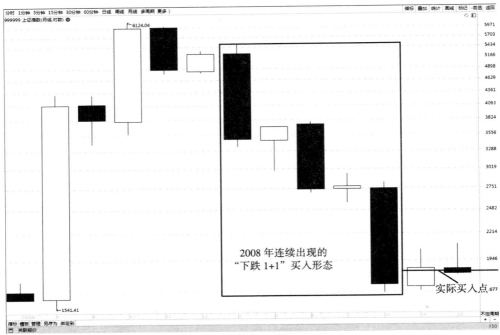

图 2-95　上证指数月线涨跌周期图

四、第四轮　熊牛转换（2009~2015 年月线）

2008 年 12 月，指数报收一个超长上影线的倒 T 形 K 线，而前一个阳 K 线上涨幅度超过了 5%。如果接下来的上涨周期能上涨超过 5%，则说明行情发出了卖出信号，如图 2-96 所示。

2009 年 7 月，指数开始了一段上涨幅度为 87% 的牛市行情，如图 2-97 所示。

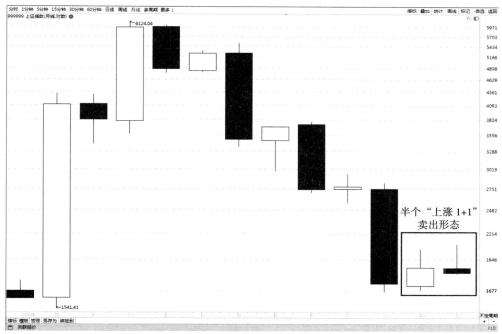

图 2-96　上证指数月线涨跌周期图，半个"上涨 1+1"卖出形态

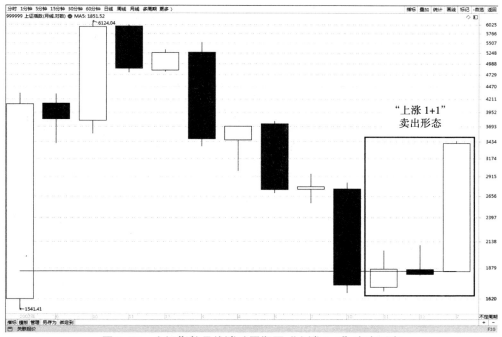

图 2-97　上证指数月线涨跌周期图"上涨 1+1"卖出形态

因此，我们需要将周期转换到常规日线图去，观察更小周期的主图中是否有其他"上涨 1+1"卖出形态，以及日线常规周期下 60 日均线是否被跌破。

2009 年 3 月 3 日，指数再次回调到了此前的震荡区间上沿，并且得到了区间上沿和 60 日均线的双重支撑，重新回到了上涨通道，如图 2-98 所示。

图 2-98　上证指数常规日线图，指数得到 60 日均线支撑

2009 年 6 月 5 日，在指数的周线涨跌周期图上，我们可以看到一个明显的"上涨 1+1"卖出形态，预示后续行情已经或者将要结束，最后以日线 60 日均线为最后退出标准，如图 2-99 所示。

6 月 12 日，还是在指数的周线涨跌周期图上，我们再一次看到了半个"上涨 1+1"卖出形态，前两个 K 线的条件都完全符合了，就等着看下一个涨跌周期，会不会上涨超过 5%。如果超过 5%，代表着行情第二次出现了"上涨 1+1"卖出形态，如图 2-100 所示。

图 2-99　上证指数周线涨跌周期图，"上涨 1+1"卖出形态

图 2-100　上证指数周线涨跌周期图，半个"上涨 1+1"卖出形态

7 月 31 日，上证指数上涨了不止 5%，这是行情第二次出现"上涨 1+1"卖出形态，说明行情已经或将要结束，如图 2-101 所示。

图 2-101　上证指数周线涨跌周期图，第二次出现"上涨 1+1"卖出形态

如果急需用钱的话，这个时候是可以卖出的，否则最好根据均线来止盈。

调到常规日线周期图下，我们可以看到 60 日均线也一直持续上涨走势。由于 60 日均线仍未被跌破，所以，卖出信号仍未发出，继续持股待涨，如图 2-102 所示。

2009 年 8 月 13 日，股指突然连续下跌，跌破了 60 日均线，这是一个卖出信号，如图 2-103 所示。

图 2-102　上证指数常规日线图，60 日均线持续上涨

图 2-103　上证指数常规日线图跌破 60 日均线，卖出

2010 年 6 月 30 日，股指开始了较长期的震荡下跌，从月线涨跌周期图上看，貌似出现了一个新的"下跌 1+1"买入形态，如图 2-104 所示。

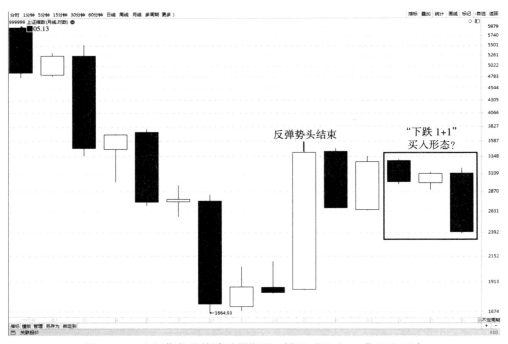

图 2-104　上证指数月线涨跌周期图，疑似"下跌 1+1"买入形态

仔细看，第一个阴 K 线跌幅超过 5%，符合要求。

第二个阳 K 线，涨幅超过了 2%，不符合要求。

所以，即使第三个 K 线下跌幅度超过 5%，也不能算作"下跌 1+1"买入形态。

2011 年 6 月 30 日，月线涨跌周期图上又可以看到半个"下跌 1+1"买入形态，如图 2-105 所示。

第一个阴 K 线跌幅超过 5%，符合要求。

第二个阳 K 线，下影线比实体多出很多倍，涨幅也没有超过 2%，符合要求。

只要第三个 K 线下跌幅度超过 5%，就算作"下跌 1+1"买入形态。

2011 年 9 月，在月线涨跌周期图上可以看到一个下跌幅度达到 14%的大阴 K 线，表明这个形态就是"下跌 1+1"买入形态，如图 2-106 所示。

图 2-105　上证指数月线涨跌周期图，半个"下跌 1+1"买入形态

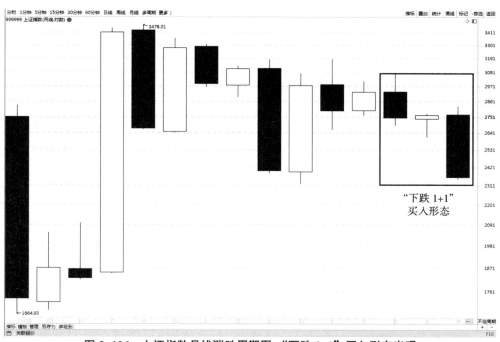

图 2-106　上证指数月线涨跌周期图，"下跌 1+1"买入形态出现

是否应该买入呢？我们调出均线指标观察，大盘指数是在 10 日均线的压制下导致的下跌，之前没有向上突破 20 日均线，而是向下靠近 60 日均线，但是距离 60 日均线貌似还有一段距离，预计未来还有一些下跌空间，如图 2-107 所示。

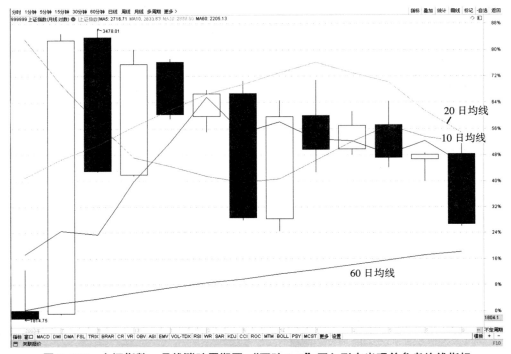

图 2-107　上证指数，月线涨跌周期图，"下跌 1+1"买入形态出现并参考均线指标

激进的指数投资者可以在这里分批建仓买入，而理智的投资者可以等待指数再下跌一段再买入。

2011 年底，再次看到了类似的"下跌 1+1"买入形态，可是不完全符合"1+1"形态要求。这个是否是可靠的买入信号呢？我们调出均线指标观察，大盘指数被压制在 5 日均线和 60 日均线内。如果 60 日均线失守，那将还要下探一段。如果在 60 日均线处得到支撑，则未来确实有希望上涨，如图 2-108 所示。

2012 年 2 月，大盘指数曾一度向上突破了 5 日均线的压制，但是好景不长，很快又回缩到 5 日均线之下，预示行情还将在 5 日均线和 60 日均线之间震荡运行，如图 2-109 所示。

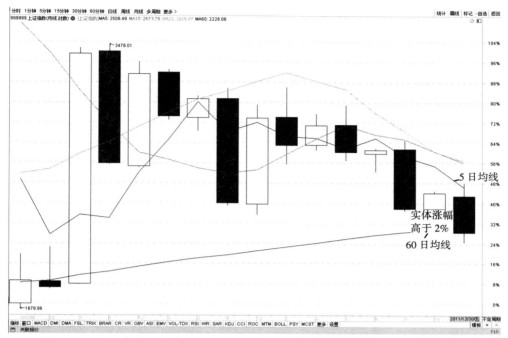

图 2-108　上证指数月线涨跌周期图，不合格的 "下跌 1+1" 买入形态与均线指标

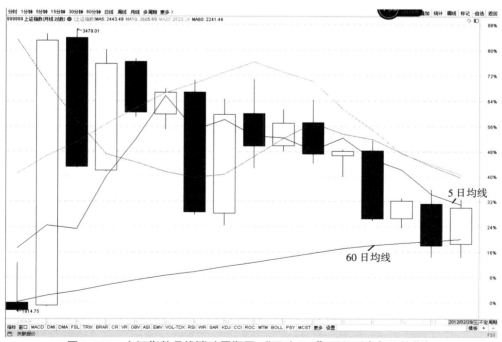

图 2-109　上证指数月线涨跌周期图，"下跌 1+1" 买入形态与均线指标

8月，大盘指数在上涨到 10 日均线附近时便受到了强力压制，导致反转下跌了约 15%，有力跌穿了 60 日均线的长久支撑，如图 2-110 所示。

图 2-110　上证指数月线涨跌周期图，大幅暴跌

这之后，指数将走向何方？如果在 60 日均线下出现"下跌 1+1"形态，就是绝佳的买入时机。

2012 年 10 月，我们可以看到半个"下跌 1+1"形态。阴线下跌超过 5%，而第二个阳线的上涨幅度没有超过 2%，并且上下影线确实是实体的 2 倍以上，只要下一个阴 K 线的下跌幅度超过 5%，就是绝佳的买入时机，如图 2-111 所示。

一个月后，大盘指数试图向上突破 5 日均线失败后，开始幅度可观地下跌，并且下跌幅度刚好超过了 5%。相较于上一次合格的"下跌 1+1"买入信号来看，这次的信号位置更低，是绝佳的买入时机，如图 2-112 所示。

2014 年底，大盘指数连续上涨，让之前买入的账户都有了不同程度的账面盈利，如图 2-113 所示。

图 2-111　上证指数月线涨跌周期图，或许将出现又一个"下跌 1+1"形态

图 2-112　上证指数月线涨跌周期图，"下跌 1+1"买入形态出现，买入

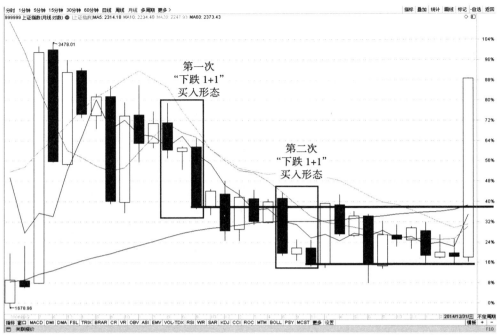

图 2-113　上证指数月线涨跌周期图，两次"下跌 1+1"买入形态的后续走势

五、第五轮　熊牛转换（2015~2020 年月线）

2015 年 1 月，大盘指数在之前的暴涨之后，开始震荡，出现上下影线很长的十字形 K 线，下跌幅度没有超过 2%，这有可能预示行情还有一波超过 5% 的涨幅，如图 2-114 所示。

2015 年 1 月后，大盘指数连续数月震荡上行，不断创出新高，累计涨幅已经超过 5%，达到了 40% 以上，这个"上涨 1+1"卖出形态预示了大盘指数即将反转进入下跌行情，如图 2-115 所示。

进入 9 月后，指数再次高攀，最高到达 5178 点附近，然后向下跌破了常规周期图上的各条均线支撑，不管是在 5 月底卖出还是依据均线卖出，都卖在了相对高的点位上，如图 2-116 和图 2-117 所示。

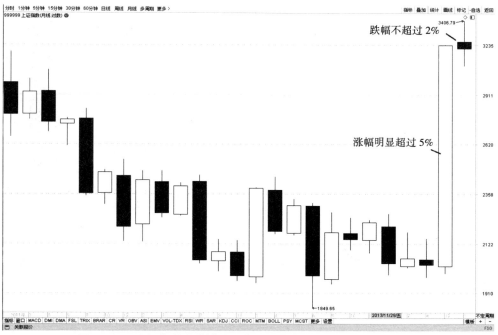

图 2-114　上证指数月线涨跌周期图，半个"上涨 1+1"卖出形态

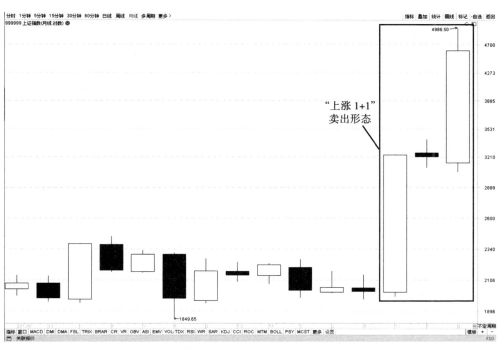

图 2-115　上证指数月线涨跌周期图，确认为可信的"上涨 1+1"卖出形态

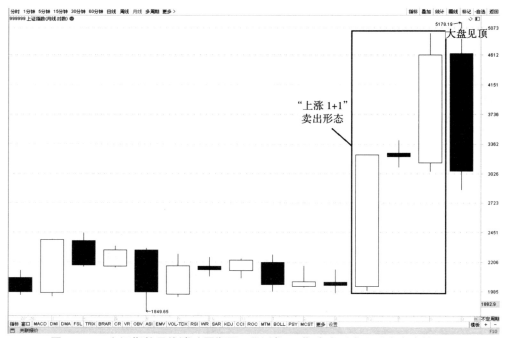

图 2-116　上证指数月线涨跌周期图，"上涨 1+1"卖出形态之后大盘直接见顶

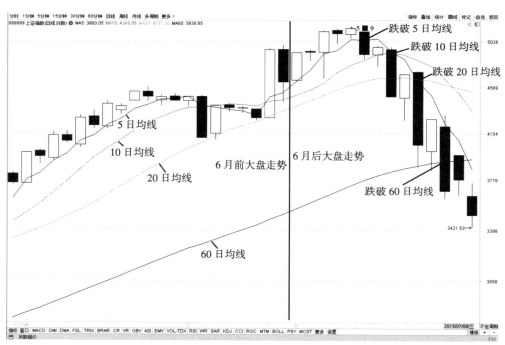

图 2-117　上证指数日线常规周期图，上涨 1+1"卖出形态之后的日线走势

如图 2-116 所示，这波指数下跌明显超过 5%，那么下一个月大盘指数的反弹是不是能不超过 2% 呢？如果下一波反弹没有超过 2%，那么在下一个涨跌周期时能否上涨超过 5% 呢？这些就需要行情来给出答案了。

2015 年 12 月底，从指数报收的点位看，指数反弹的涨幅超过了 2%，所以，此次行情属于反弹行情，不属于行情反转，后市仍将再次下跌，如图 2-118 所示。

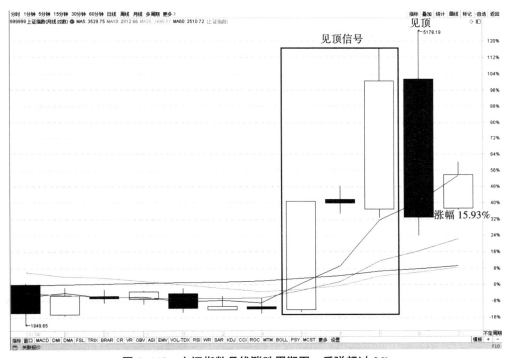

图 2-118　上证指数月线涨跌周期图，反弹超过 2%

如图 2-119 所示，2016 年头两个月，指数连续暴跌 24%，预计一下未来行情会不会反弹超过 2%？

如图 2-120 所示，一个月后指数反弹了 11.75%，这表示我们之前预计出现的"下跌 1+1"形态不会出现，行情还将继续下跌。

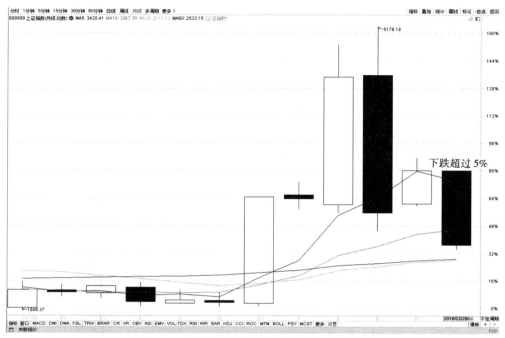

图 2-119　上证指数月线涨跌周期图，再次暴跌

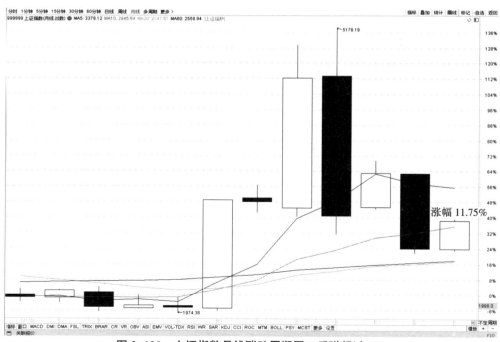

图 2-120　上证指数月线涨跌周期图，反弹超过 2%

2016 年 8 月的大盘走势看上去有点像"上涨 1+1"卖出形态，可是仔细一看，规格上不符合要求，所以，不算"上涨 1+1"卖出形态，如图 2-121 所示。

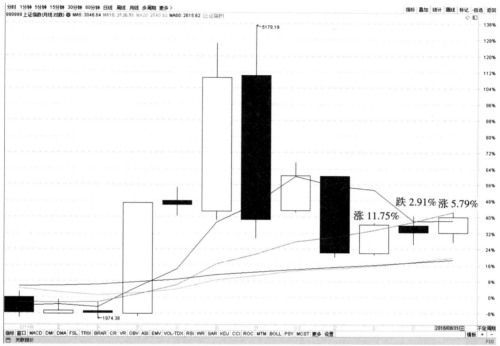

图 2-121　上证指数月线涨跌周期图，不符合要求的"上涨 1+1"卖出形态

时间到了 2017 年 9 月，大盘月线涨跌周期图出现了半个"上涨 1+1"卖出形态。第一个 K 线上涨 7.82%，超过了 5%，而第二个阴 K 线跌幅 0.35%，没有超过 2%，所以，目前这两个 K 线组成了半个"上涨 1+1"卖出形态，如图 2-122 所示。

10 月，指数窄幅震荡，最大涨幅依然没有超过 5%。虽然卖出形态没有最终完成，但是指数还是终止了上升行情，如图 2-123 所示。

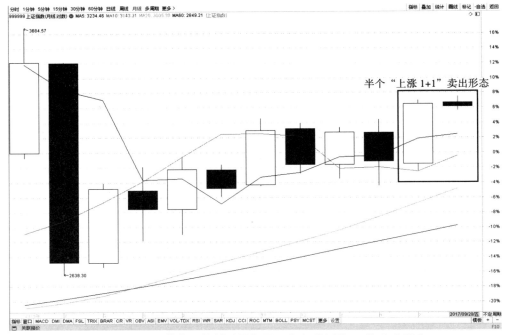

图 2-122　上证指数月线涨跌周期图，半个"上涨 1+1"卖出形态

图 2-123　上证指数月线涨跌周期图，预想中的"上涨 1+1"卖出形态不成立

除了个别需要参考均线指标之外，基本都买在了低位，也基本都卖在了高位，如图 2-124 所示。

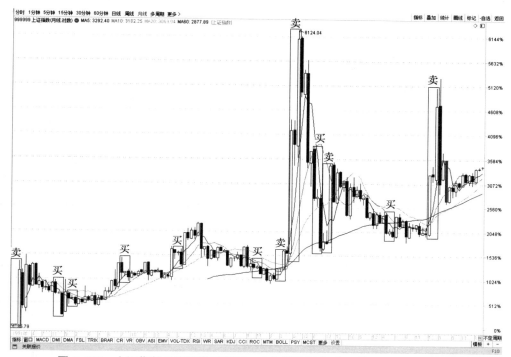

图 2-124 上证指数月线涨跌周期图，大盘指数历次 "1+1" 买卖形态全景图

股市开门后两年，指数出现了第一次的"上涨 1+1"卖出形态，随后虽然大盘指数又继续创出了新高，但是在未来数年中开始高位震荡下行，进入了下降通道，如图 2-125 所示。

在开始执行涨跌停板之前，指数出现了"下跌 1+1"买入形态，在后续漫长的数年中，大盘指数不断高攀，进入了上升通道，如图 2-126 所示。

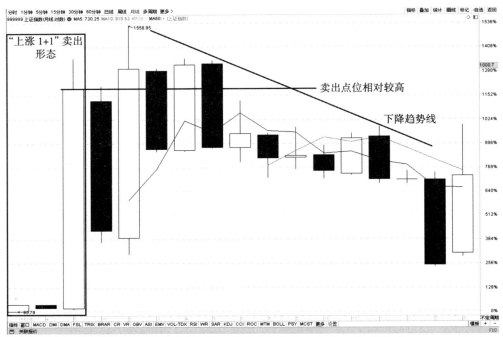

图 2-125　上证指数月线涨跌周期图，历次大盘大顶大底"1+1"形态（1991~1994 年）

图 2-126　上证指数月线涨跌周期图，历次大盘大顶大底"1+1"形态（1994~2001 年）

2001 年高点是 2245.43 点，而买入点在 394.87 点，本次最大可以盈利 468%。

因为亚洲金融风暴的影响，大盘指数开始回调横向整理，导致指数走势上形成了"下跌 1+1"买入形态，如图 2-127 所示。

图 2-127　上证指数月线涨跌周期图，历次大盘大顶大底"1+1"形态（1997~2001 年）

2001 年高点是 2245.43 点，而本次买入点位则在 1100.7 点，本次最大可以盈利 104%。

1999 年底，指数在涨跌周期月线图上再现"下跌 1+1"买入形态，考虑到前几次买入信号已经出现了多次，而且对于大盘市盈率来说，已经明显高企，所以，本次及以后的买入信号可以参考买入，但是不可以持有太长时间，如图 2-128 所示。

2001 年高点是 2245.43 点，此次买入点位在 1368.7，本次最大可以盈利 64%。

2001 年见顶之后将近一年时间里，指数震荡下跌并形成了又一次"下跌 1+1"买入形态。由于大盘市盈率并没有下降多少，而且此次下跌距离 60 日均线还有一段距离，所以，稳健的投资者最好等到回调到 60 日均线或市盈率下降到足够低时再行买入，如图 2-129 所示。

图 2-128　上证指数月线涨跌周期图，历次大盘大顶大底"1+1"形态（1999~2001 年）

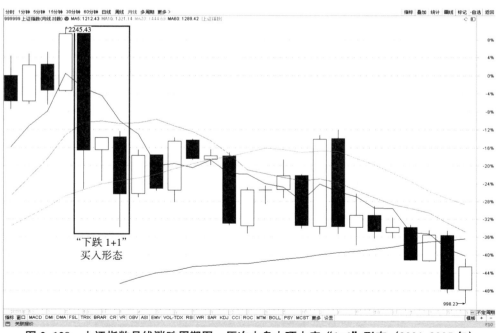

图 2-129　上证指数月线涨跌周期图，历次大盘大顶大底"1+1"形态（2001~2005 年）

2002 年 7 月继续震荡下行，而且出现了"下跌 1+1"买入形态。由于大盘市盈率仍高，而且此时指数距离 60 日均线还有段距离，所以稳健的投资者最好等到回调到 60 日均线或市盈率下降到足够低时再行买入，如图 2-130 所示。

图 2-130　上证指数月线涨跌周期图，历次大盘大顶大底"1+1"形态（2002~2005 年）

2005 年 2 月初，指数跌破了 60 日均线，而且市盈率也降低到了相对低位，这时大盘出现的"下跌 1+1"买入形态是可靠的买入位置，如图 2-131 所示。

本次买入点在 1189.5 点，而实际最低点是 998.23 点，买入后的最大账面亏损为 16%。虽然账面上一度有 16% 的亏损，但大多数投资者对于 20% 以内的亏损都是可以容忍的，特别是相对于之后的 2006 年、2007 年的暴涨行情来说，买在 1189.5 点，卖在 6124.04 点的话，那么最大的盈利就有 410% 以上，如图 2-132 所示。

图 2-131　上证指数月线涨跌周期图，历次大盘大顶大底"1+1"形态（2004~2005 年）

图 2-132　上证指数月线涨跌周期图，历次大盘大顶大底"1+1"形态（2005~2007 年）
（一）

2006 年 6 月，大盘出现了 "上涨 1+1" 卖出形态，如图 2-133 所示。

图 2-133　上证指数月线涨跌周期图，历次大盘大顶大底 "1+1" 形态（2005~2007 年）（二）

是不是应该卖出？

第一步，先看市盈率是否高企，我们在上交所查找大盘市盈率后得知此时大盘市盈率还很低。另外，还要参考大盘指数与 60 日均线的距离。从图 2-133 可以看出，指数才刚刚突破 60 日均线不久，所以，我们认为这个卖出信号不可靠，最多提示未来会有小幅回调，可以短线卖出而等待后期回调结束或者不卖出而继续持股。

2007 年 5 月，大盘经过了 150% 的涨幅后开始回调，出现了 "上涨 1+1" 卖出形态，如图 2-134 所示。

这次应不应该卖出？

从图 2-134 可以看出，指数偏离 60 日均线很多，大盘市盈率也偏高，所以，我们认为这个卖出信号是可靠的，后期高位的最后疯狂可以另外根据常规日线图的短期均线操作。

2007 年大顶附近形成的 "上涨 1+1" 卖出形态，如图 2-135 所示。

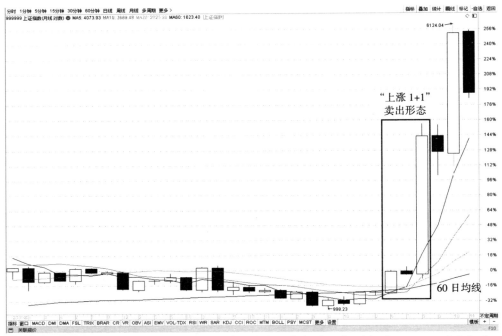

图 2-134　上证指数月线涨跌周期图，历次大盘大顶大底"1+1"形态（2005~2007 年）（三）

图 2-135　上证指数月线涨跌周期图，历次大盘大顶大底"1+1"形态（2007 年）

这次应不应该卖出呢？应该这样看：

（1）指数是否严重偏离60日均线？

相较于上一次"上涨1+1"卖出形态来说，这次指数已经严重偏离了60日均线。

（2）大盘市盈率是否高企？

打开上交所网站，看到此时大盘市盈率已经严重高企。

综合看，大盘此时出现的"上涨1+1"卖出形态就是最后的逃跑信号。

2007年大顶之后半年，指数形成了较高位置上的"下跌1+1"买入形态，可是此时市盈率还相对较高，指数距离60日均线还有一段距离。所以，我们认为这个买入信号不可靠，至少长线而言不是最佳买点，如图2-136所示。

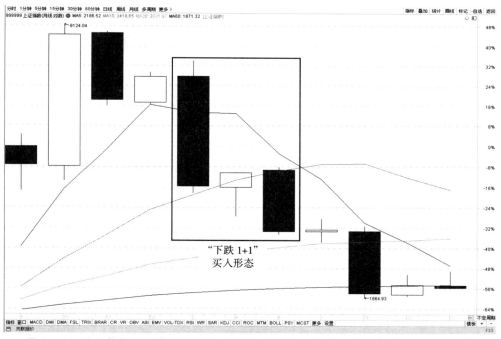

图2-136　上证指数月线涨跌周期图，历次大盘大顶大底"1+1"形态（2007~2008年）

2008年10月的指数再次形成了"下跌1+1"买入形态！此时市盈率已经很低，而且指数已经跌破了60日均线。相较于上一次"下跌1+1"买入形态来说，我们认为这个买入信号是非常可靠的，是绝佳的买入时机，如图2-137所示。

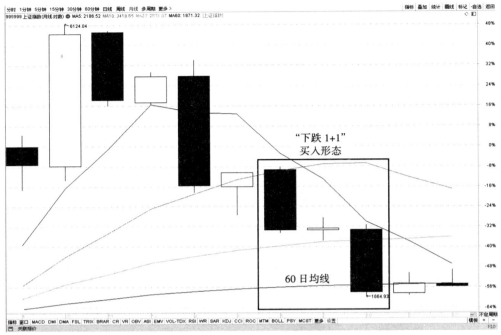

图 2-137 上证指数月线涨跌周期图，历次大盘大顶大底"1+1"形态（2008 年）

截至 2009 年 7 月，大盘指数暴涨伴随着巨量，这样异常的上涨大多坚持不了多久，加上此次"上涨 1+1"卖出形态的提示，我们认为未来行情不会持续上行太长时间。如果在上一次"下跌 1+1"买入形态时买入，此时的"上涨 1+1"卖出形态就是最好的卖出时机，如图 2-138 所示。

2011 年 9 月形成的"下跌 1+1"买入形态是否可靠？

最好参考指数的市盈率或 60 日均线，从图 2-139 中可以看出，指数距离 60 日均线还有距离，可靠的买入点应该在"下跌 1+1"买入形态跌破 60 日均线时。

2012 年接近年底形成的"下跌 1+1"买入形态又是否可靠呢？

此时大盘市盈率较低，而且已经跌破了 60 日均线，所以，这是可信度极高的买入信号。买入点位在 1977.25 点，而未来行情最高点可达 5178.18 点，最高盈利为 161%，如图 2-140 和图 2-141 所示。

2015 年 5 月形成的"上涨 1+1"卖出形态又是否可靠呢？

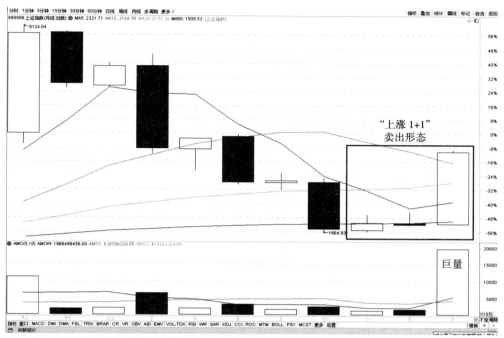

图2-138　上证指数月线涨跌周期图，历次大盘大顶大底"1+1"形态（2008~2009年）

图2-139　上证指数月线涨跌周期图，历次大盘大顶大底"1+1"形态（2009~2011年）

图 2-140 上证指数月线涨跌周期图，历次大盘大顶大底"1+1"形态（2012 年）

图 2-141 上证指数月线涨跌周期图，历次大盘大顶大底"1+1"形态（2012~2015 年）

此时大盘市盈率还相对较低，但是偏离 60 日均线较大，而且暴涨伴随了巨量，所以，这是可信度极高的卖出信号，如图 2-142 和图 2-143 所示。

图 2-142　上证指数月线涨跌周期图，历次大盘大顶大底"1+1"形态（2015~2017 年）

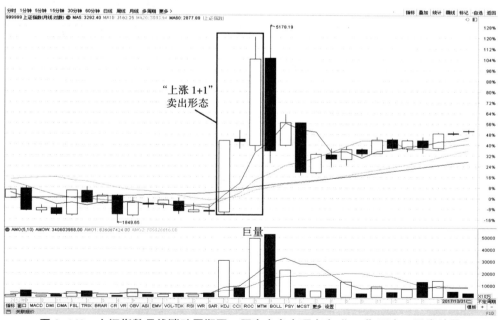

图 2-143　上证指数月线涨跌周期图，历次大盘大顶大底"1+1"形态：异常放量

到此我们就把大盘月线涨跌周期图上的"上涨 1+1"或"下跌 1+1"形态都讲解完了，下面我们再看看月线周期以外的其他周期图上的"1+1"形态。

六、上证指数季线 "1+1" 形态

在月线涨跌周期图上点击鼠标右键，如图 2-144 和图 2-145 所示。

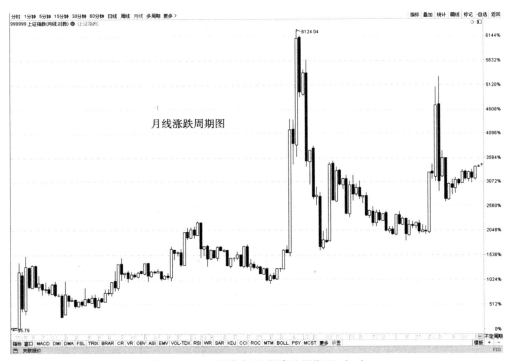

图 2-144　上证指数月线涨跌周期图（一）

图 2-145 上证指数月线涨跌周期图（二）

将鼠标移动到"分析周期""季线"，然后在"季线"处点击鼠标左键，如图 2-146 所示。

图 2-146 上证指数月线涨跌周期图（三）

这样就将月线涨跌周期图切换为季线涨跌周期图了，如图 2-147 所示。

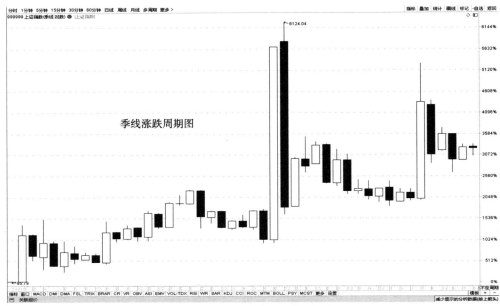

图 2-147　上证指数季线涨跌周期图

2001 年第二季度大盘指数季线涨跌周期图形成的"上涨 1+1"卖出形态，如图 2-148 所示。

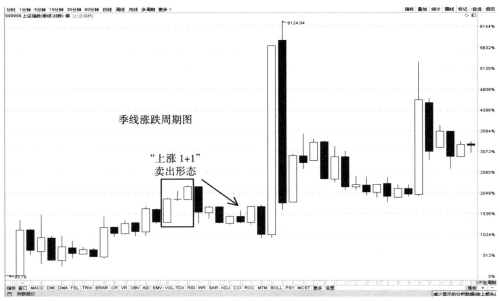

图 2-148　上证指数季线涨跌周期图，2001 年第二季度形成的"上涨 1+1"卖出形态

随后大盘指数见顶反转下跌，直到 2005 年的 998 点附近才开始反转上涨。

2009 年第四季度大盘指数季线涨跌周期图形成的"上涨 1+1"卖出形态，如图 2-149 所示。

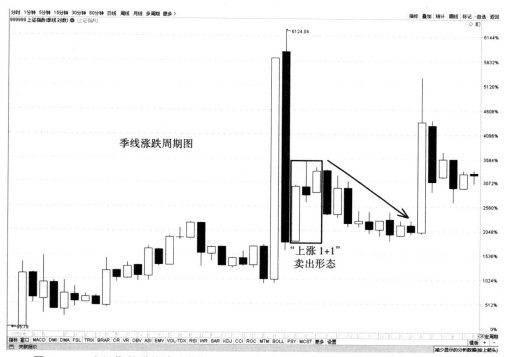

图 2-149 上证指数季线涨跌周期图，2009 年第四季度形成的"上涨 1+1"卖出形态

随后大盘指数见顶反转下跌，直到 2013 年的 1849 点附近才开始反转上涨。

2012 年第三季度大盘指数季线涨跌周期图形成了"下跌 1+1"买入形态，如图 2-150 所示。

之后大盘指数仍徘徊在低位震荡了一年时间，到了 2014 年第一季度后开始暴涨，最高点一度上爬至 5178 点。

由于季线跨度加大，所以没有像月线那样频繁出现"1+1"形态。尽管如此，季线提示的"1+1"形态的可靠性要高于月线周期下的"1+1"形态。

下面再看看大盘年线周期下的"1+1"形态。

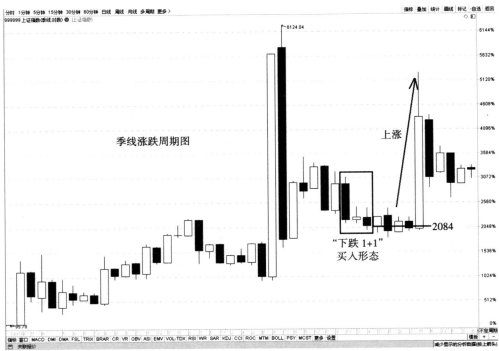

图 2-150　上证指数季线涨跌周期图，2012 年第三季度的"下跌 1+1"买入形态

七、上证指数年线"1+1"形态

在季线涨跌周期图上点击鼠标右键，如图 2-151 和图 2-152 所示。

将鼠标移动到"分析周期""年线"，然后在"年线"处点击鼠标左键，如图 2-153 所示。

这样的话，我们就将季线涨跌周期图切换为年线涨跌周期图了，如图 2-154 所示。

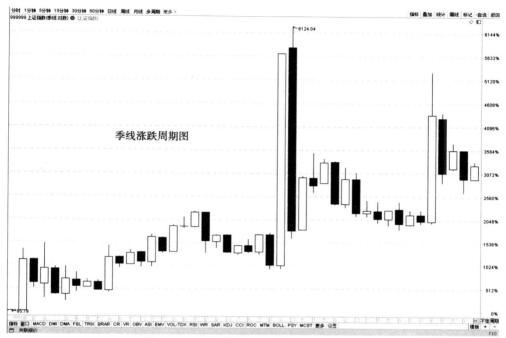

图 2-151　上证指数季线涨跌周期图（一）

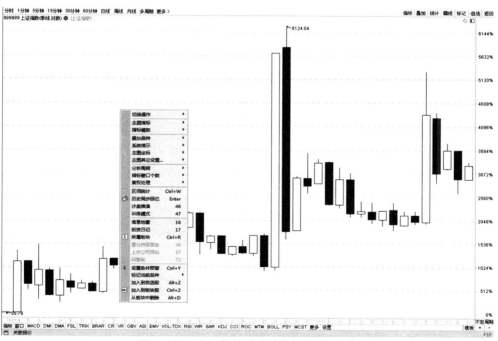

图 2-152　上证指数季线涨跌周期图（二）

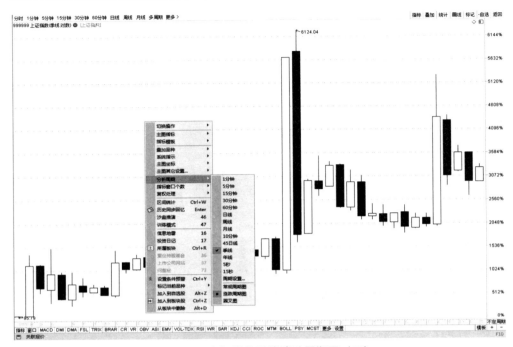

图 2-153　上证指数季线涨跌周期图（三）

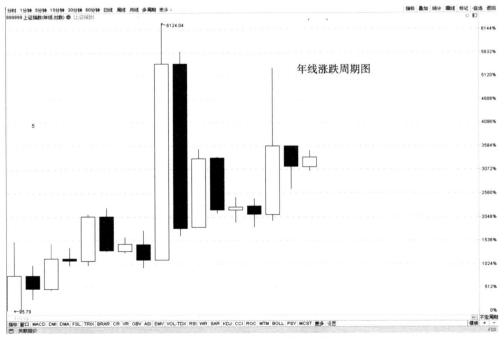

图 2-154　上证指数年线涨跌周期图

接下来讲解一下年线涨跌周期图下的"1+1"形态。

1996 年、1997 年出现的高于 5% 涨幅的阳 K 线，1998 年亚洲金融风暴导致的十字星 K 线，以及 2000 年的暴涨，共同形成了一个"上涨 1+1"卖出形态，如图 2-155 所示。

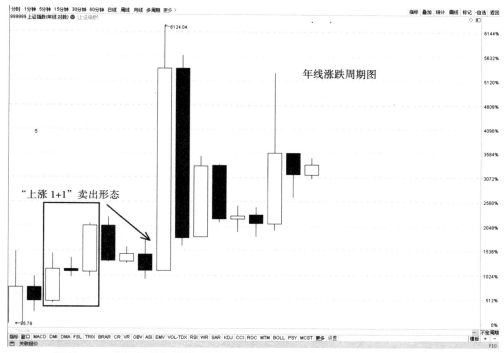

图 2-155　上证指数年线涨跌周期图，"上涨 1+1"卖出形态（1996~2000 年）

在随后的数年里，股指开始回调，并超过了 50% 的幅度。

2010 年、2011 年出现的大于 5% 跌幅的阴 K 线，2012 年的十字星 K 线，以及 2013 年的低位震荡，共同造就了"下跌 1+1"买入形态，如图 2-156 所示。

仅仅一年后，股指开始迅速暴涨到了 5178 点。

因为年线跨度比季线要大，所以，年线出现"1+1"形态也不像月线涨跌周期图那样频繁出现。但是，尽管如此，一旦年线涨跌周期图出现"1+1"形态时，它的可靠性是极高的。

总结完了大盘指数的"涨跌 1+1"形态之后，我们在下一章开始讲解个股的"涨跌 1+1"形态。

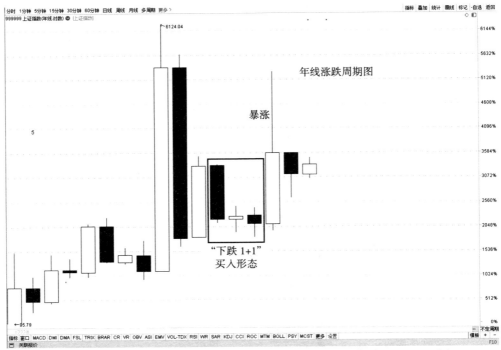

图 2-156　上证指数年线涨跌周期图，"上涨 1+1"卖出形态（2011~2013 年）

第三章 个股涨跌周期图 "下跌 1+1" 形态

什么是涨跌周期图 "下跌 1+1" 形态?

这个形态首先要求出现超过 5% 的跌幅,然后回调不超过 2%,接下来再次下跌并且跌幅同样需要超过 5%。这个形态预示行情之后有很大概率会反转上涨,是较好的买入信号。如果同时有其他技术指标同步看涨的话,则更能确认信号的可靠性,如图 3-1 所示。

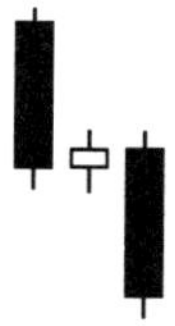

图 3-1 涨跌周期图 "下跌 1+1" 形态

买入点:

(1) 下个涨跌周期股价开始上涨,导致阴 K 线定型,这时可以买入。

(2) 常规日线图上,长期均线被向上突破后,买入。

(3) 其他指标发出的买入信号可以加强信号的可靠性。

一、广聚能源 (000096)

图 3-2 是个股广聚能源 (000096) 2002 年第四季度至 2010 年第一季度的季线常规周期走势图。

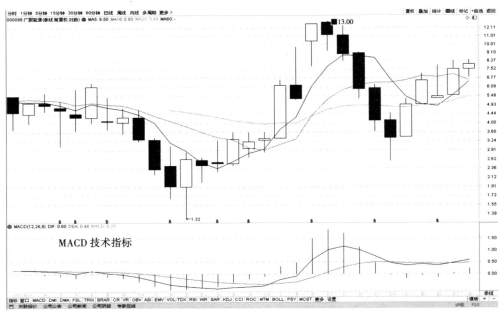

图 3-2　广聚能源（000096）季线常规周期走势图

在近期的季 K 线上标记连续上涨或连续下跌的符号，以便于观察可能出现的"1+1"形态，如图 3-3 所示。

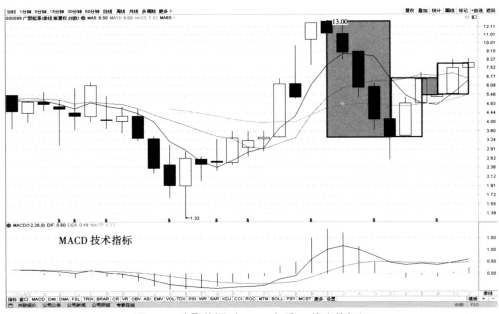

图 3-3　广聚能源（000096）季 K 线实体标记

在图 3-4 中，季线上的近期连续涨跌使季 K 线实体出现了"上涨 1+1"卖出形态，这意味着该股会有相当大幅度的反转下跌，而至于卖点还尚未可知。

图 3-4　广聚能源（000096）遇到"上涨 1+1"卖出形态

如图 3-5 所示，个股广聚能源（000096）在接下来的一个季度里继续下跌，并且下跌幅度超过了 1/3，接近 40%，这显示出了季线下的"上涨 1+1"卖出形态确实是可靠的交易形态。

三个季度过去了，广聚能源（000096）再现连续三个季度上涨的情况，如图 3-6 所示。

图 3-5 广聚能源（000096）"上涨 1+1"卖出形态，预测行情相当可靠

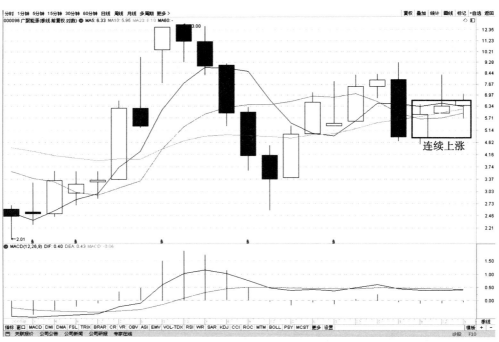

图 3-6 广聚能源（000096）等待"下跌 1+1"买入形态的出现

在连续下跌了三个季度后，我们在走势图上可以作一个灰色矩形以表示连续下跌的行情，其累计下跌幅度达到了 47%，如图 3-7 所示。

图 3-7 广聚能源（000096）等待 "下跌 1+1" 买入形态的出现

随后一个季度里，股价在低位震荡，三个月后的收盘价并没有比三个月前的开盘价高出多少，而且其上下影线的长度是其实体长度的很多倍，加上之前三个季度的连续下跌，目前已经可以看到半个 "下跌 1+1" 买入形态了，如图 3-8 所示。

在之后一个季度，整体下跌幅度只有 4.7%，没有达到超过 5% 的要求，但是在又一个季度之后，股价下跌了 7%，累计两个季度下跌幅度明显超过了 5%，也就是说，该股在季线上出现了 "下跌 1+1" 买入形态，而且这个形态的可靠性相当强，如图 3-9 所示。

图 3-8　广聚能源（000096）出现合格的十字形 K 线，"下跌 1+1"买入形态有可能出现

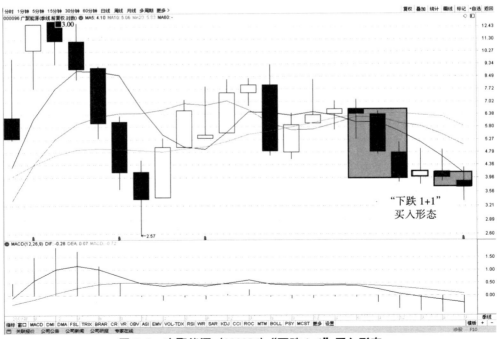

图 3-9　广聚能源（000096）"下跌 1+1"买入形态

至于具体的买入点怎么判断呢？这需要切换到月线、日线图去分析。

2012年9月，广聚能源股价仍然没有有效突破上方10日均线的压制。尽管MACD发出了底背离买入信号，但是目前还不是较好的买入时机，如图3-10所示。

图3-10 广聚能源（000096）月线图，MACD底背离

转入日线图，等待股价或MACD发出可靠的买入信号，如图3-11所示。

至2012年11月7日，股价近期走出了一个逐渐变窄的三角形整理区间，如图3-12所示。

图 3-11　广聚能源（000096）日线图

图 3-12　广聚能源（000096）日线图，三角形整理区间

　　未来行情有可能继续上涨，也有可能反转下跌或跌破三角形整理区间的下边缘支撑线。

　　假如行情跌破三角形下边缘的支撑线，就有可能等到 MACD 的买入信号。

　　数个交易日后，股价连续下跌，并向下跌穿了三角形整理区间的向上支撑线，这表示行情还将向下探底，这时我们需要持续观察是否出现了其他技术指标发出的买入信号，如图 3-13 所示。

图 3-13　广聚能源（000096）日线图股价跌破三角形整理区间支撑线

　　就目前的 MACD 指标看，还没有发出可靠的买入信号。

　　2012 年 11 月 27 日，股价大幅下跌，拉出超长阴 K 线，是否是买入时机？调出 MACD 指标看，目前仍然没有可靠的买入信号，如图 3-14 所示。

　　2012 年 12 月 4 日的股价大幅震荡，关键是今日 MACD 指标发出了底背离买入信号，如图 3-15 所示。

图 3-14 广聚能源（000096）日线图，继续下探

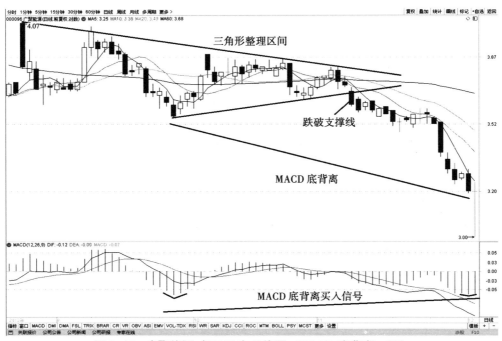

图 3-15 广聚能源（000096）日线图，MACD 底背离，买入

可以在接近收盘时的最后数分钟内买入该股或者后期分批买入。

在季线上出现"下跌 1+1"买入形态之后，我们逐步缩小时间周期，将其具体化，直到细化到某一个交易日发出的交易信号，如图 3-16 所示。

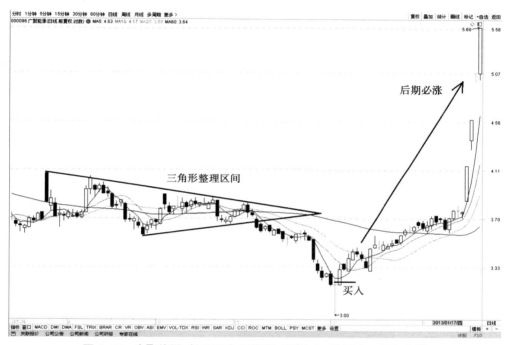

图 3-16　广聚能源（000096）日线图"下跌 1+1"形态，买入必涨

不管后期卖在何处，都有不菲的利润，理论上可以拿到的最高利润为 73%，即使赚不到 73%，赚到 10%~20%的难度并不大。

二、中联重科（000157）

图 3-17 是个股中联重科（000157）2002 年至 2008 年第四季度的季线常规周期走势图。

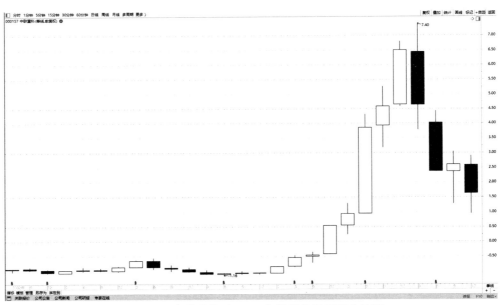

图 3-17 中联重科（000157）季线常规周期走势图

如图 3-18 所示，经过连续涨跌的 K 线标记后，我们就可以看到一个"下跌 1+1"形态了，预示行情很可能要反转上涨。

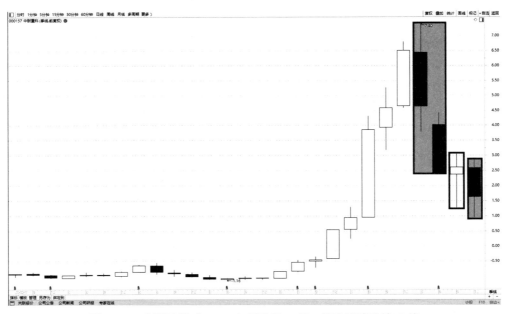

图 3-18 中联重科（000157）标记季 K 线，做连续涨跌的 K 线

如图 3-19 所示，进入月线周期图，我们可以看到最近三个月走出了类似"下跌 1+1"形态的走势，可是中间的那个小阳 K 线不符合我们对"1+1"形态的要求，所以，这个还不能算是合格的"下跌 1+1"形态，未来的行情还有继续下跌的可能。

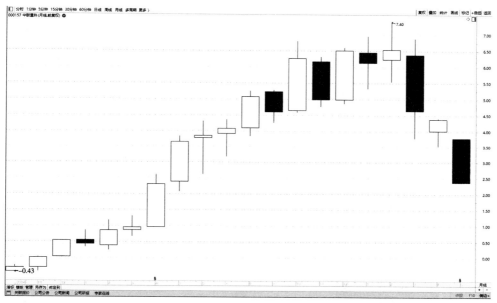

图 3-19　中联重科（000157）月线常规周期走势图

如图 3-20 所示，中联重科（000157）紧接着在 2008 年 7 月报收一个较长上下影线的小十字星 K 线，该十字星线符合"下跌 1+1"形态的要求。那么接下来就要等待下一个月，行情是否能再度下跌超过 5% 了。

调出周线图观察，如图 3-21 所示，行情一直处于明显的下降趋势中。如果想要反转上涨，估计还要有一轮较大幅度的下跌才行，看好该股的投资者切莫提前买入，以防被套。

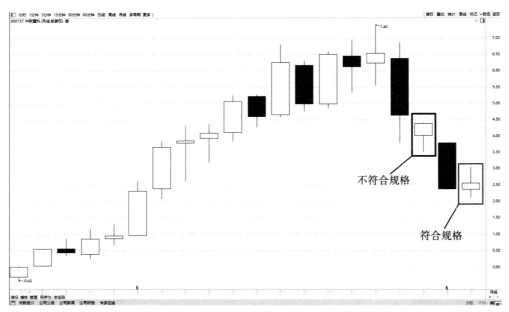

图 3-20   中联重科（000157）疑似"下跌 1+1"买入形态

图 3-21   中联重科（000157）进入周线图观察

接下来进入该股的日线图观察，股价经过连续多日的横向盘整，进入了7月底。如果行情就此突破整理区间上沿，必然是一波上涨行情，但如果行情没有向上突破，而是向下跌破整理区间的下沿，则必然引发新一轮抛售行情，这样的行情必然导致股价继续下跌，如图3-22所示。

图3-22 中联重科（000157）日线周期图，低位盘整行情

进入8月的第一个交易日，行情有所转好，但是力度明显不足，特别是盘中走势出现了量价不同步的情况，未来行情是否真的能向上突破，还需继续观察，如图3-23和图3-24所示。

图 3-23　中联重科（000157）软弱无力的小幅上涨

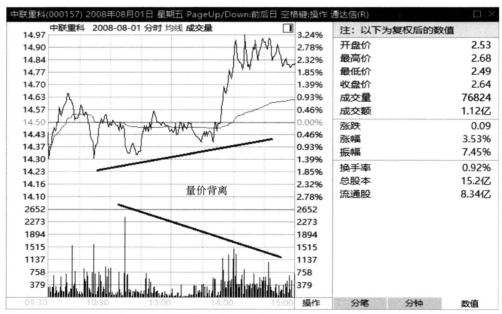

图 3-24　中联重科（000157）2008 年 8 月 1 日分时图

2008 年 8 月 4 日这个交易日一开始的上涨并没有量能的支持，预计午盘后开始止涨，果然，没到午盘行情已经出现上涨乏力迹象，而午盘开盘后，行情一路下滑，并且导致抛售潮，越是低点，卖出的量越大，如图 3-25 和图 3-26 所示。

图 3-25　中联重科（000157）上涨乏力导致下跌

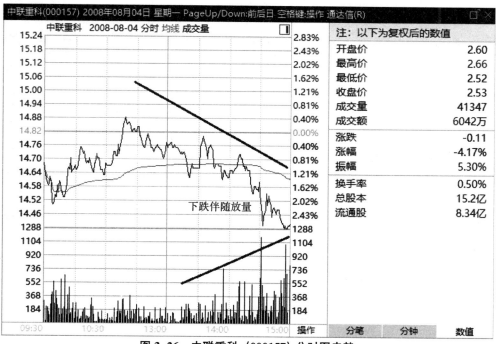

图 3-26　中联重科（000157）分时图走势

就在下一个交易日，行情毫不客气地开始了暴跌，一路下滑而且没有任何上涨的迹象。虽然逐渐下滑并且量能有所减少，但是整体看，第二天反转上涨的概率并不是很大，如图 3-27 和图 3-28 所示。

图 3-27　中联重科（000157）日线图，接近跌停板

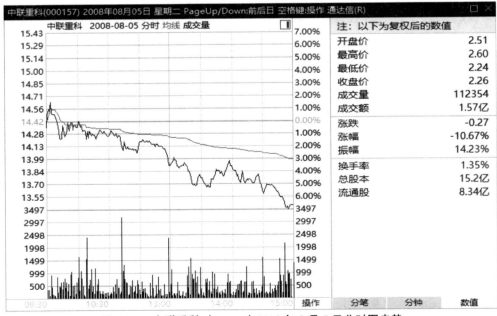

图 3-28　中联重科（000157）2008 年 8 月 5 日分时图走势

我们回到月线图上观察，今日的暴跌，导致股价在月线图上出现了"下跌1+1"买入形态。可是因为刚刚进入8月，还没有到月底，这个形态是否能保持到月底还很难说。所以，只需要等待行情到月底就行了，如果到了月底依然是跌幅超过5%，那么就可以确认这是一个可靠的"下跌1+1"买入形态，如图3-29所示。

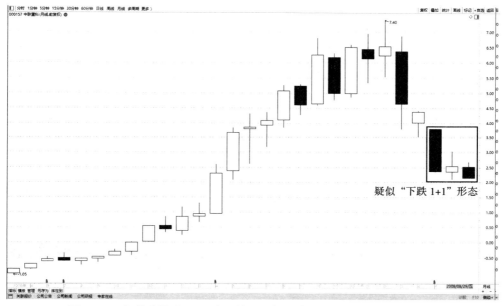

图3-29　中联重科（000157）月线图，疑似出现"下跌1+1"买入形态

紧跟着的下一个交易日，行情继续持续低迷走势，从分时图上看，依然出现了低价大量卖出的现象，说明持有该股的投资者依然还有很多不看好后市的，这样就会互相传染，导致更多的跟风卖出，如图3-30和图3-31所示。

8月7日，股价基本上是在前一个交易日的价格区间上波动，没有什么可靠的突破，而是枯燥地震荡了一整天，说明行情依然没有找到方向，很可能继续维持下跌态势，如图3-32所示。

图 3-30　中联重科（000157）日线图，低位盘整

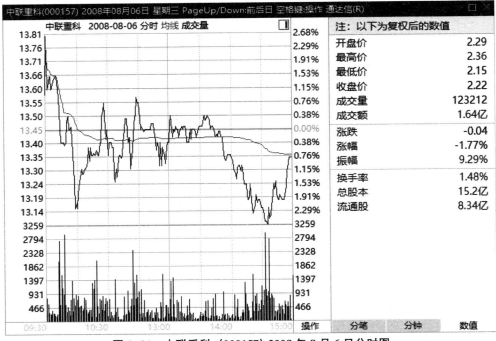

图 3-31　中联重科（000157）2008 年 8 月 6 日分时图

图 3-32　中联重科（000157）日线图，十字星

在前一个交易日徘徊一天之后，今日股价延续了此前的下跌态势，可以说是暴跌，如图 3-33 所示。

图 3-33　中联重科（000157）日线图，继续暴跌

从该日分时图上看，早盘似乎还能维持一段时间的小幅上涨，但是午盘开盘以后，暴跌就开始了，越在低位，卖出的量越大。这说明还有不坚定的持股者，这或许意味着将来还有一段洗盘行情，如图 3-34 所示。

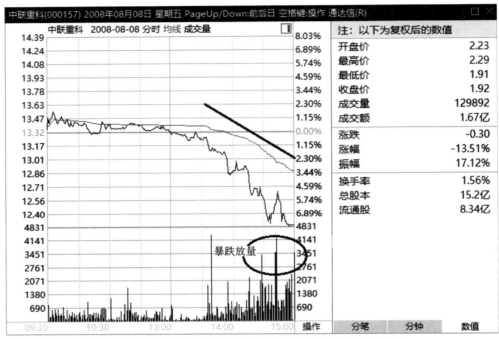

图 3-34 中联重科（000157）2008 年 8 月 8 日分时图走势

正如上一个交易日所料，行情继续暴跌走势，如图 3-35 所示。

从图 3-36 可以看出，早盘回涨的时候有量能支撑，可是没有维持多久，行情就开始继续下降，随之而来的是不断加大的卖出抛单，大量的卖单把想买入该股的投资者拒之门外，吓跑过半。场外即使有想买入该股的投资者也会有所顾忌而不敢随意买进，这就导致行情还将继续维持下跌态势，如图 3-36 所示。

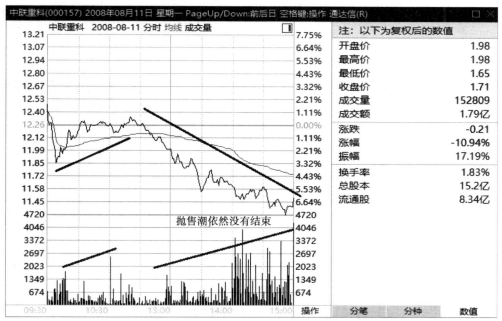

图 3-35 中联重科（000157）日线图，继续暴跌

图 3-36 中联重科（000157） 2008 年 8 月 11 日分时图走势

股价继续在低位徘徊，并没有像样的攻势，也没有大幅度的下跌，如图 3-37 所示。

图 3-37　中联重科（000157）日线图，继续徘徊

　　从当日分时图看，低位震荡主要是由于行情多空双方的拉锯战导致的。因为股价在高位时有量能支撑，在低位时也有量能支撑，这两种力量互相平衡，就形成了全天的震荡走势，如图 3-38 所示。

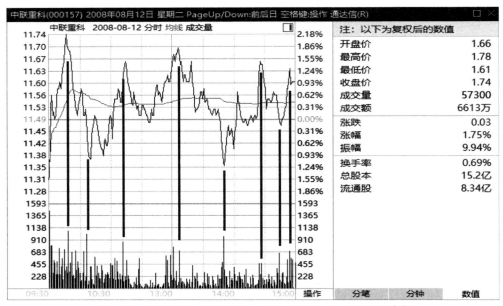

图 3-38　中联重科（000157）　2008 年 8 月 12 日分时图走势

基本延续了上一个交易日的行情，只是震荡的幅度加大了，如图3-39所示。

图3-39　中联重科（000157）日线图，震荡幅度增大

早盘下跌伴随增量，而午盘以后的反转上涨并没有量能的有力支撑，这种迹象表明尾盘的上涨是虚的，是不可靠的，后市预计还将继续维持下跌行情，如图3-40所示。

股价在低位连续震荡拉锯，买卖双方谁也没有主导行情的能力，如图3-41所示。

早盘下跌伴随增量，接近午盘时股价回涨，并且也有相应的量能支撑。可是午盘以后，量能支撑股价上涨到2.43%后，行情开始迅速下滑，这说明此前的量能支撑是不可靠的。如果以后行情继续下跌，那么今日大量买在高位的投资者将被套牢，如图3-42所示。

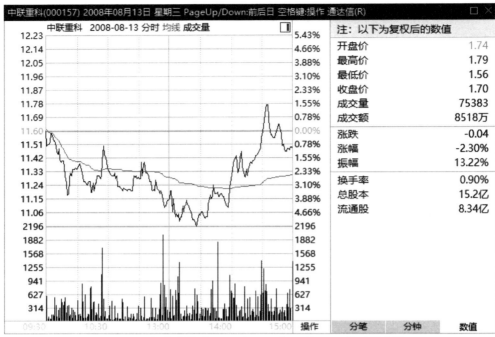

图 3-40　中联重科（000157）2008 年 8 月 13 日分时图走势

图 3-41　中联重科（000157）日线图，连续震荡行情

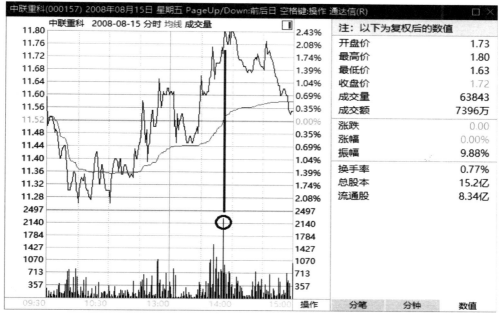

图 3-42 中联重科(000157)2008 年 8 月 15 日分时图走势

　　股价在低位连续震荡拉锯之后，买方耐久力不足，导致卖方占据主导优势，强力打压股价，最低价突破了此前拉锯战的多方最低底线，如图 3-43 所示。

图 3-43 中联重科(000157)日线图，上涨乏力，继续暴跌

早盘买方还占有部分优势，高点略有量能支撑。可是接近尾盘时，股价的下跌伴随了大量的卖出，这意味着行情还将持续低迷，延续下降趋势，如图 3-44 所示。

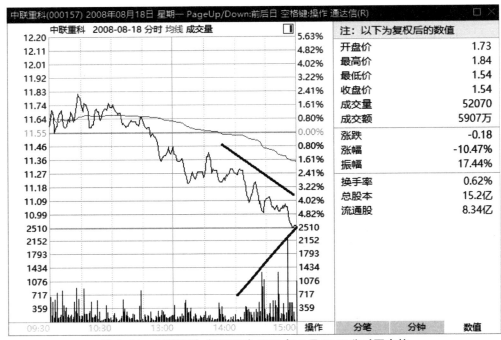

图 3-44 中联重科 (000157) 2008 年 8 月 18 日分时图走势

我们又将主图调到月线图或月线涨跌周期图下观察，从 8 月以来到目前的行情看，这个未完成的"下跌 1+1"买入形态暂时可以确认，但后期还需要行情维持下跌走势，否则跌幅不排除小于 5% 的可能，如图 3-45 和图 3-46 所示。

图 3-45　中联重科（000157）月线图，"下跌 1+1"买入形态

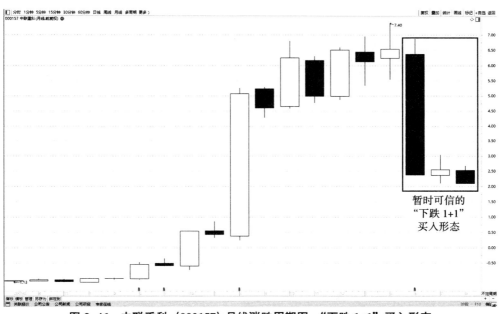

图 3-46　中联重科（000157）月线涨跌周期图，"下跌 1+1"买入形态

8 月 20 日，股价暴涨，但是依然处在前期盘整的震荡区间中。这样的暴涨是否可信？是否持久呢？这个需要继续观察或者研究当日分时图，如图 3-47 所示。

图 3-47　中联重科（000157）日线图，"暴涨可信

　　从图 3-48 看，当日上午盘以买方力量为主导，并且有量能支持。如果这个态势能坚持到尾盘，次日应当可以看涨。可是下午盘开始以后量能和股价不同

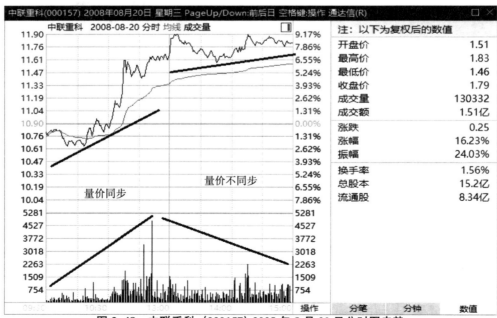

图 3-48　中联重科（000157）2008 年 8 月 20 日分时图走势

步，这说明持续的购买意愿已经结束，买方的后援不足，这势必影响到下一个交易日的走势。因此，从今日的分时图看，下一个交易日依旧是下跌的概率较大。

看似暴涨之后，股价再度回调整理，行情依旧没有突破更高的高点，反而形成了一个 K 线形态中的 "下跌孕线形态"，如图 3-49 所示。

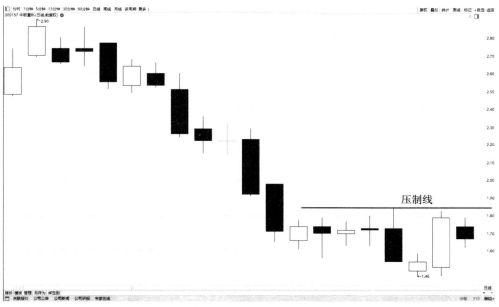

图 3-49　中联重科（000157）日线图，上涨乏力

既然 "下跌孕线形态" 已经人所共知，所以，下一个交易日一定会暗示投资者行情将要下跌或者以下跌为主。

观察当日分时图，可以看到尾盘有大单在拉盘，可是大单一过，行情立马就萎缩，说明买方力度弱于卖方，后市依然以下跌为主，如图 3-50 所示。

前些日子暴涨之后，并没有出现什么像样的上涨行情，而是持续在低位盘整，而且越盘整，价格跌落得越低，如图 3-51 所示。

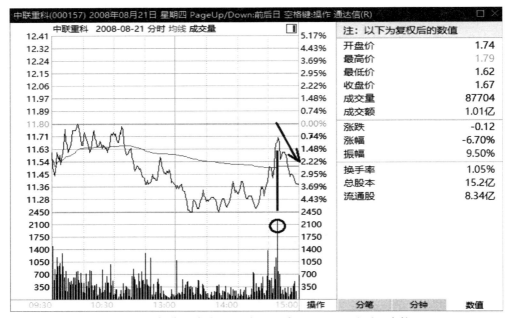

图 3-50　中联重科（000157）2008 年 8 月 21 日分时图走势

图 3-51　中联重科（000157）日线图，拉锯战

观察当日分时图，上午盘有大单拉抬股价，但好景不长，随后股价开始滑落，并伴随更大单的卖出，上涨持续乏力，这将导致行情继续下跌，如图 3-52 所示。

图 3-52 中联重科（000157）2008 年 8 月 25 日分时图走势

正如此前所料，卖方力道长期强于买方，所以行情继续延续了下降趋势，再次创出了新低，如图 3-53 所示。

图 3-53 中联重科（000157）日线图，长期下跌

我们再来观察当日分时图，上午盘并没有像样的上涨，而是很快进入了暴跌模式，整个交易日几乎都是在放量下跌，如图 3-54 所示。

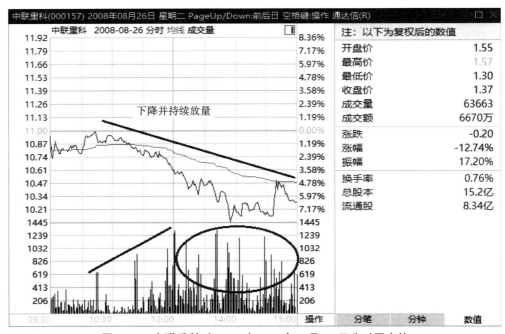

图 3-54　中联重科（000157）2008 年 8 月 26 日分时图走势

距离 8 月底已经没几个交易日了，从月线上看，目前下跌 5% 的最后一个阴 K 线基本可以确认定型了，那么我们需要在 8 月这最后几个交易日里找到合适的入场时机。

为此我们需要借助一些技术指标，例如，均线指标、MACD 指标等。

我们调出 MACD 技术指标来对照一下当前的走势，当前走势是下降趋势，不断创出新低，而 MACD 指标则是低位二次金叉，提示可以买入，如图　3-55 所示。

这么看的话，如果下跌持续到月底，月线涨跌图也将或已经是"下跌 1+1"买入形态了。

我们可以在今日或者分批买入该股，具体怎么买入以及仓位怎么配置没有统一标准，根据个人偏好和实际情况自行设定。

我这里把仓位平均分三份，连续三个交易尾盘最后几分钟买入。

图 3-55　中联重科（000157）走势图与 MACD 指标

如图 3-56 至图 3-58 所示，我们分别简单地在三次尾盘最后几分钟买入该股，分别成交于 10.3 元、10.1 元、10.36 元，也就是说我们的平均成本是 10.26 元左右。

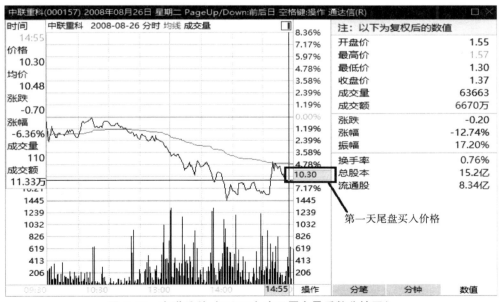

图 3-56　中联重科（000157）当日尾盘最后数分钟买入

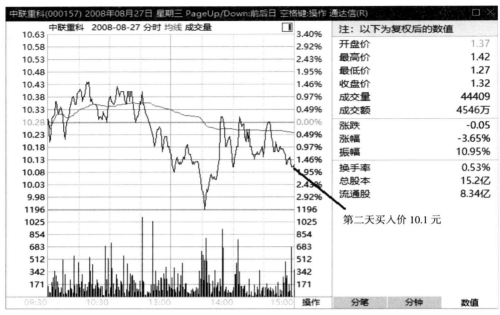

图 3-57　中联重科（000157）次日尾盘最后数分钟买入

图 3-58　中联重科（000157）第三个交易日尾盘最后数分钟买入

连续三天买入后，我们要做的就是耐心等待行情上涨，直到卖出信号出现或者需要用钱时再卖出。

如图 3-59 所示，我们在 K 线图上标注了最近三个交易日买入该股的平均成本价位线，在三个交易日买入完成后，今日行情开始了上涨。

图 3-59　中联重科（000157）8 月底最后一个交易日

该日早盘高开高走，午盘以后更是上冲到了 8.78% 的涨幅，可是接近尾盘时，开始下滑，而且下滑幅度很大，有量放出来，还好尾盘又有所回升，如图 3-60 所示。

如果我们急于用钱，今日这样的情况我们就应该提高警惕，随时准备卖出变现。

如图 3-61 所示，股价在今日低开高走，可是依然没有上涨多少，个人感觉上涨的力道不够。短期来说，后市还有可能大幅度回调，短线的投资者可以考虑见高就卖，大致可以卖在 11.2 元附近。

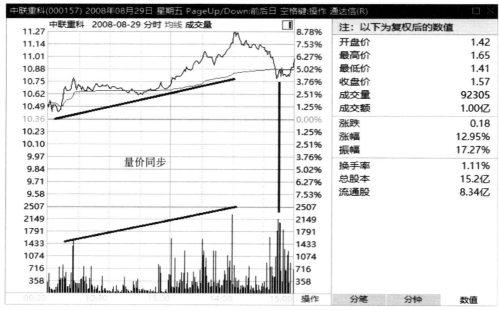

图 3-60　中联重科（000157）2008 年 8 月 29 日分时图走势

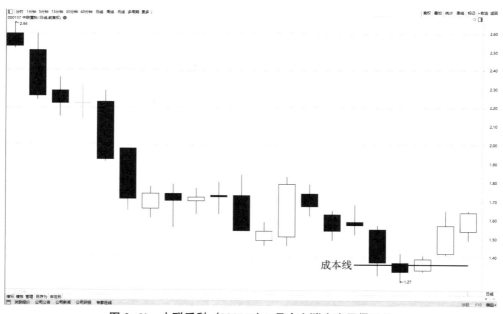

图 3-61　中联重科（000157）8 月底上涨力度显得不足

本次交易盈利 9%。

卖出后我们还可以在后期等待回调再进场。

在我们之前短线卖出之后，股价开始横向盘整行情，并且最终再次进入我们之前的成本价点位。因为我们卖出该股之后仍旧关注该股，所以，能够在其回调到之前成本价位时重新跟进，如图 3-62 所示。

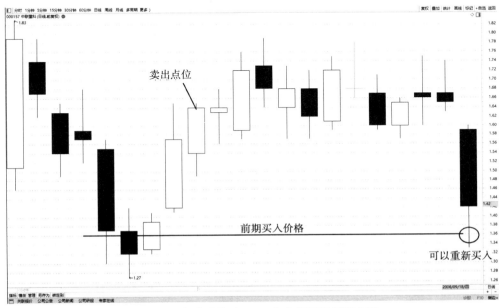

图 3-62　中联重科（000157）卖出后的后续走势

我们就在之前的成本价附近再次挂单买入该股，盘中低开，不管如何，我们还是挂单在 10.31 元附近，如果能成交当然好，如果不能也不用着急，如图 3-63 所示。

就在我们的挂单成交后，股价跌到跌停板，这也不需要紧张，谁也没有办法保证每次都买在最低点。

买入后的第二个交易日，股价直接以涨停开盘，如图 3-64 所示。

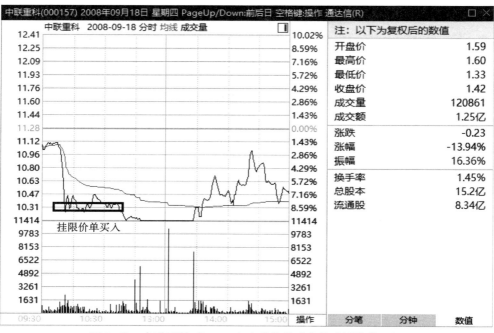

图 3-63　中联重科（000157）在此前的成本价附近挂单买入

图 3-64　中联重科（000157）次日涨停板

调出当日分时图看，基本没什么波动，一直保持涨停态势，如图 3-65 所示。

图 3-65 中联重科 (000157) 2008 年 9 月 19 日分时图走势

紧跟着上一个涨停板之后，今日再次以涨停开盘，如图 3-66 所示。

图 3-66 中联重科 (000157) 再来一个涨停板

经过周末两天的时间，上涨动力似乎有所动摇，因为虽然股价以涨停板开盘，但是盘中震荡的幅度不小，个人感觉未来继续上涨的可靠性不是很强，后续还需要跟进观察，如图 3-67 所示。

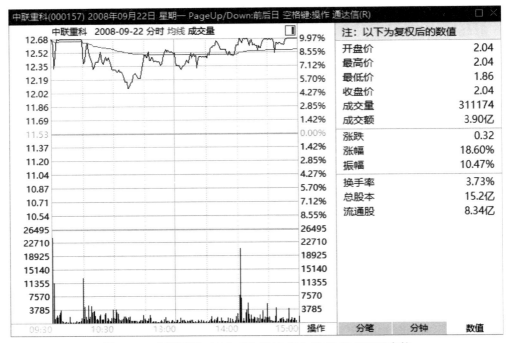

图 3-67　中联重科（000157）2008 年 9 月 22 日分时图走势

如图 3-68 所示，一般来说，一个 K 线有较长的上影线不太乐观，虽然这一交易日总体是上涨的，但是较长的上影线还是让我们怀疑自己对后续上涨是否太过乐观？

观察当日分时图可以看到，午盘结束前到午盘中段，股价呈上升趋势，但是量能却没有同步增加，反而递减，如图 3-69 所示。

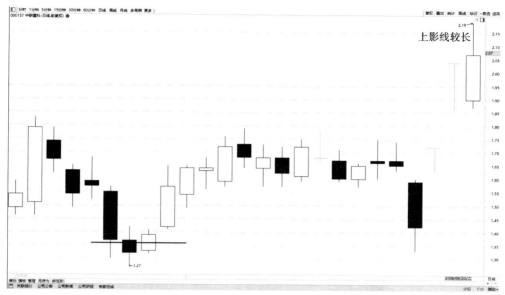

图 3-68 中联重科（000157）涨得不多，上影线较长

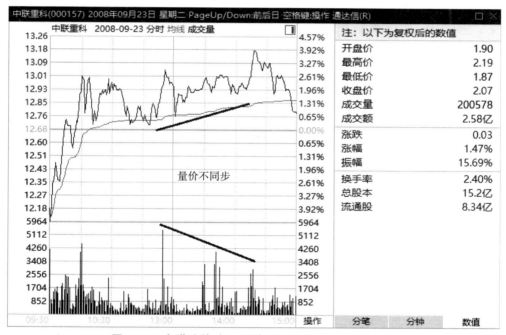

图 3-69 中联重科（000157）2008年9月23日分时图

为了安全起见，我们使用了3日均线来止盈。

输入MA，可以在主图上调出均线指标，然后在设置参数里把计算的天数改为 3，则称为 3 日均线，如图 3-70 所示。

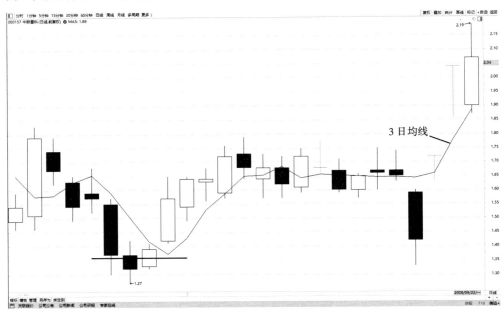

图 3-70 中联重科（000157）使用短期均线止盈

但凡股价收盘接近或跌破该线的，坚决止盈卖出。

虽然行情仍在上涨，但是依旧在上一个交易日的价格范围内，如图 3-71 所示。

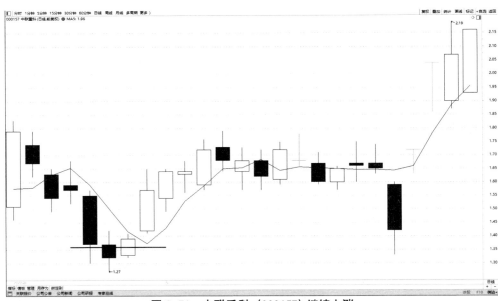

图 3-71 中联重科（000157）继续上涨

　　2008 年 10 月 6 日，股价收盘非常靠近 3 日均线，所以，我们在该日收盘前的数分钟内将手中的该股股票卖光，如图 3-72 所示。

图 3-72　中联重科（000157）跌破止盈均线，卖出

　　卖出价位在 14.12 元，而我们之前的买入价位是 10.31 元，本次交易盈利36.95%。

　　当我们第二次卖出该股后，再调出月线涨跌周期图，观察更长周期图上，"下跌 1+1"买入形态是否成立，如果成立则可以进行更长期的交易。

　　以 2008 年 9 月的月线涨跌周期图看，此前数月的下跌正好形成了符合要求的"下跌 1+1"买入形态，如图 3-73 所示。

　　我们之前在短线层面进行了两次交易，获利不菲。

　　此次长周期图下展现的买入形态表明，未来行情还有更大幅度的上涨空间。由于是长周期，不能像短线那样快速操作，应该冷静下来，在"下跌 1+1"形态的相对低点位置挂单买入。

　　为了方便，我们就以"下跌 1+1"形态的最低点与收盘价之间的价格区间作为未来的买入区间，如图 3-74 所示。

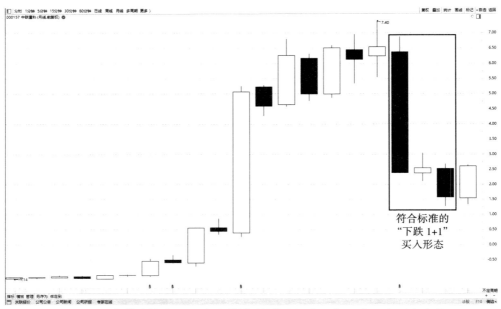

图 3-73　中联重科（000157）月线涨跌周期图，"下跌 1+1"买入形态出现

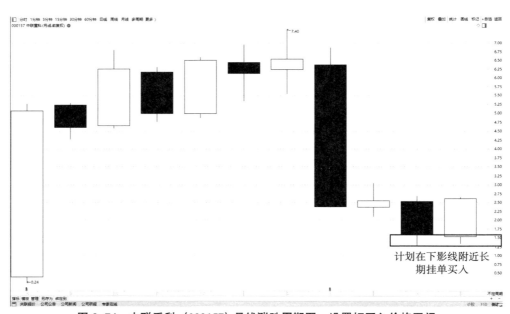

图 3-74　中联重科（000157）月线涨跌周期图，设置好买入价格区间

在整个 10 月里股价暴跌并创出了新低。在下跌过程中，我们之前的买单得到了成交。虽然盘中有所亏损，但是就长期而言，我们是在一个相对较低的价

位买入，不用像炒短线那样太过于斤斤计较，如图 3-75 所示。

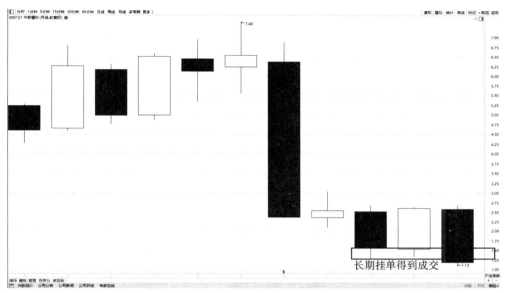

图 3-75　中联重科（000157）月线涨跌周期图，预设买价得以成交

股价在成本区徘徊到 12 月，到元旦以后开始爆发，连续上涨，迅速离开了成本区，如图 3-76 所示。

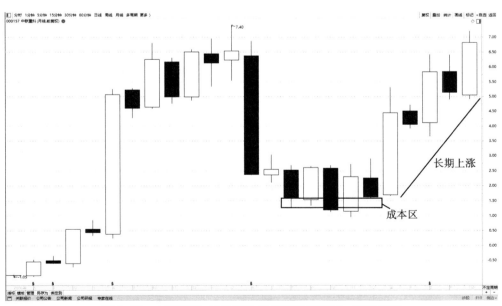

图 3-76　中联重科（000157）月线涨跌周期图，开始盈利

经过一番大幅波动后，股价再次上涨创出新高，可是在月线涨跌周期图上可以看出，9月底已经可以看到半个"上涨1+1"卖出形态，这可能意味着还有一波或最后一波涨势，如图3-77所示。

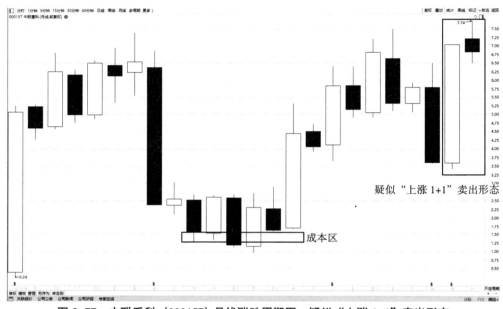

图3-77　中联重科（000157）月线涨跌周期图，疑似"上涨1+1"卖出形态

10月一开始，股价就在日线周期图上跳空高开，一路上涨。为了防止意外发生，我们使用3日均线作为止盈条件，一旦股价跌破3日均线的支撑，就立刻卖出变现，如图3-78所示。

10月14日，虽然股价收盘接近3日均线，但仍未跌破，所以，继续持股，不急着卖出。

2010年10月15日，股价大幅低开，可是在数分钟内马上回升翻红，15分钟后立马飙升。美中不足的是，量能略有减少，感觉后续再创新高的力道有所削减，如图3-79和图3-80所示。

图 3-78　中联重科（000157）日线常规周期图，最后一波上涨，等待卖出时机

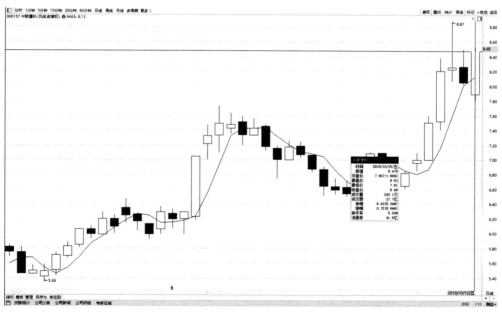

图 3-79　中联重科（000157）日线常规周期图，低开高走

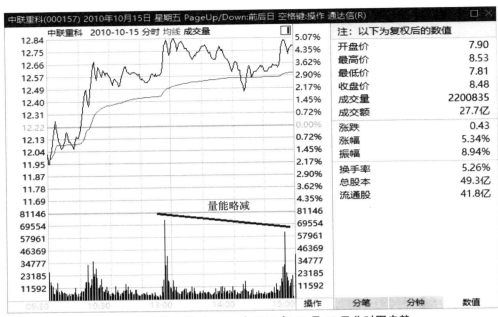

图 3-80 中联重科（000157）2010 年 10 月 15 日分时图走势

10 月 21 日，从股价日线走势图上看，疑似出现了半个"上涨 1+1"卖出形态，而且就当日分时图看，每当股价下跌到低位时都会伴随放量，尾盘回升时也没有量能支撑，估计下一个交易日可以考虑见高卖出，如图 3-81 和图 3-82 所示。

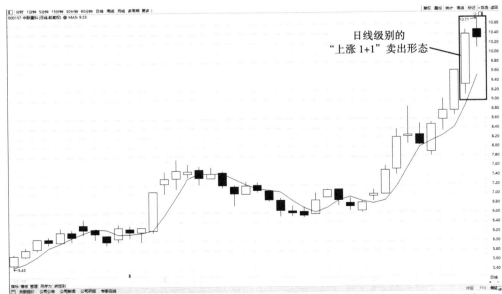

图 3-81 中联重科（000157）日线常规周期图，疑似出现了半个"上涨 1+1"卖出形态

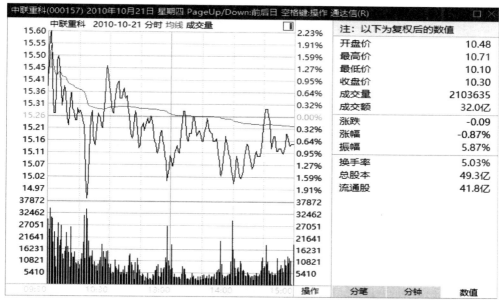

图 3-82　中联重科（000157）2010 年 10 月 21 日分时图走势

22 日股价开盘就下探了 2%，然后又大量抬高，直接推到 5% 的日线涨幅上去，只是后期盘中的量能不能很好地配合股价，所以，我们在尾盘震荡期间不限制价格，直接现价成交，最终顺利卖在相对高点的位置，如图 3-83 和图 3-84 所示。

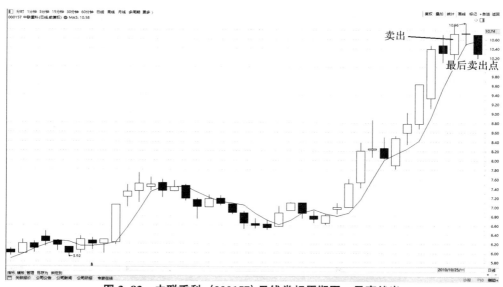

图 3-83　中联重科（000157）日线常规周期图，见高就出

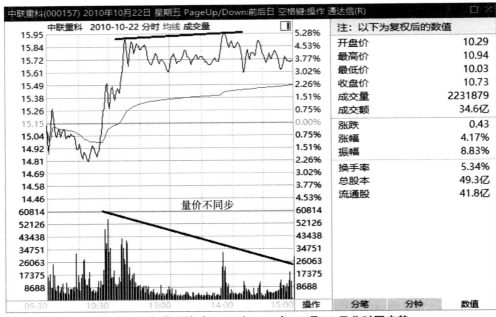

图 3-84　中联重科（000157）2010 年 10 月 22 日分时图走势

回顾此次长线交易，我们的买入成本基本就是 10.35 元，而卖出的价格则是 15.05 元，本次长线交易盈利 45%，如图 3-85 和图 3-86 所示。

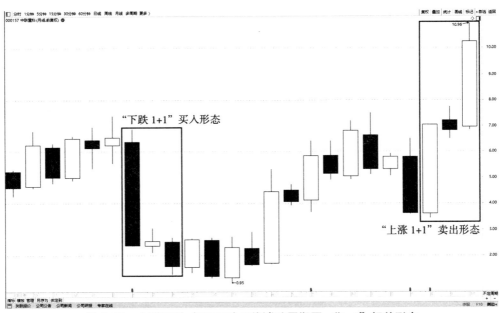

图 3-85　中联重科（000157）月线涨跌周期图，"1+1"相关形态

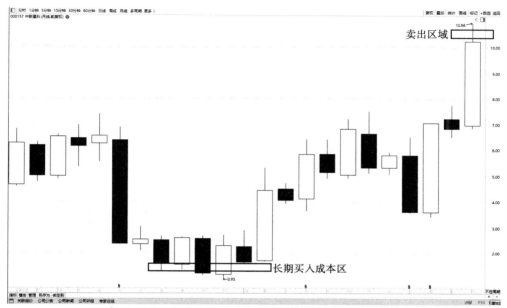

图 3-86　中联重科（000157）月线涨跌周期交易全程

　　股票交易不能总想着翻倍，那样的想法不现实，而是应该做好自己能做的，赚到可以赚到的，这样就不会迷失在股市中。

　　关于"下跌 1+1"买入形态，我们再举一个实例。

三、铁龙物流（600125）

　　首先，我们观察一只股票，必须参考之前的走势，如图 3-87 所示，首先打开铁龙物流的月线涨跌周期图，然后寻找该股是否在走势图上出现了上涨或者"下跌 1+1"形态。

　　从图上看，我们看不到上涨或者"下跌 1+1"形态，所以，我们不做任何操作，等待相关形态的出现。

　　在股市中，最不缺的是机会，而最缺的却是耐心。

　　2013 年 8 月，铁龙物流股价开始回涨，可是并没有可以识别的上涨或者"下跌 1+1"形态出现。因此，我们继续观察等待，如图 3-88 所示。

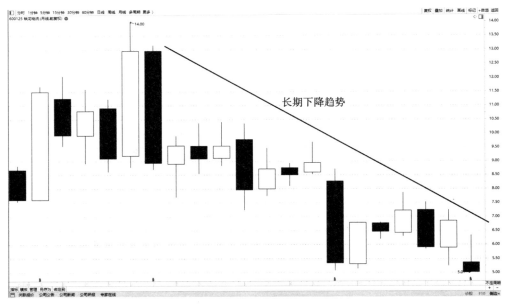

图 3-87　铁龙物流（600125）月线涨跌周期图

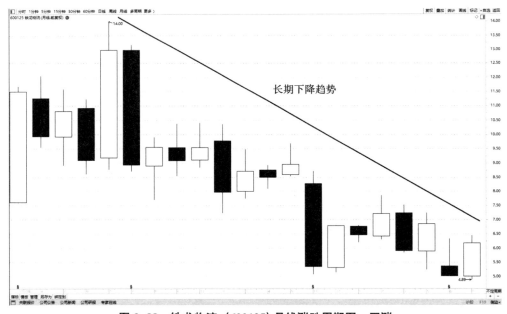

图 3-88　铁龙物流（600125）月线涨跌周期图，回涨

　　2014 年 1 月，股价之前的反弹结束，开始了新一轮的下跌，再创新低，其下跌幅度超过了 20%，如图 3-89 所示。

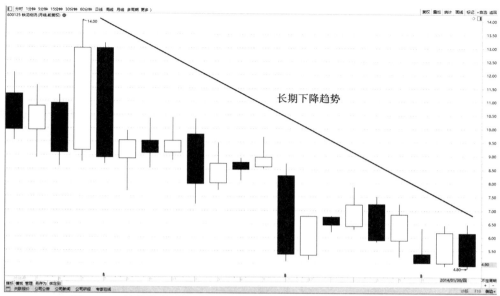

图 3-89　铁龙物流（600125）月线涨跌周期图，反弹结束，继续下跌

2014 年 2 月，股价在低位大幅震荡，震荡幅度虽然大，但是月末收盘却没有上涨多少，相较上个月涨幅甚至没有超过 0.5%，可能要出现"下跌 1+1"买入形态，可是目前还不好说，还需要继续跟踪观察，如图 3-90 所示。

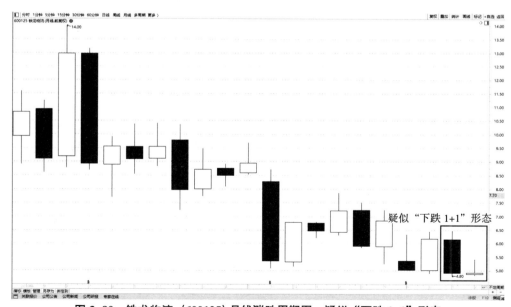

图 3-90　铁龙物流（600125）月线涨跌周期图，疑似"下跌 1+1"形态

从 3 月开始，可以进入日线周期图观察行情进展。

因为"下跌 1+1"买入形态要求前后两次下跌的幅度必须超过 5%，这样，我们设置 2 月股价的 0.95 倍来观察股价是否跌破这条线。如果跌破了，就说明之前怀疑的"下跌 1+1"形态是可信并且可靠的买入形态，如图 3-91 和图 3-92 所示。

图 3-91　铁龙物流（600125）日线常规周期图

图 3-92　铁龙物流（600125）日线常规周期图，设置下跌 5% 的预警线

一旦"下跌1+1"形态得到确认，就意味着我们可以买入该股了。

3月第一个交易日行情就高开高走，如图3-93所示。

图3-93　铁龙物流（600125）日线常规周期图，3月第一个交易日上涨

3月第二个交易日，上涨行情有所收敛，股价没有继续高攀，而是有所下滑，收盘前已经可以识别出是一个看跌孕线K线形态，提示行情不久会反转下跌，如图3-94所示。

紧接着在下一个交易日中，行情确实下跌了，如图3-95所示。

3月6日，股价开始回涨，但是这种回涨是反弹还是真的上涨呢？这需要进入分时图去分析。打开分时图可以看到，午盘以后出现了量价不同步的情况。虽然股价开始回升，但是量能却在逐渐走低，这说明上涨不会持续太久，或者说，本次上涨只属于反弹行情，如图3-96和图3-97所示。

图 3-94　铁龙物流（600125）日线常规周期图，看跌孕线 K 线形态

图 3-95　铁龙物流（600125）日线常规周期图，看跌孕线后下跌

图 3-96　铁龙物流（600125）日线常规周期图，反弹还是上涨

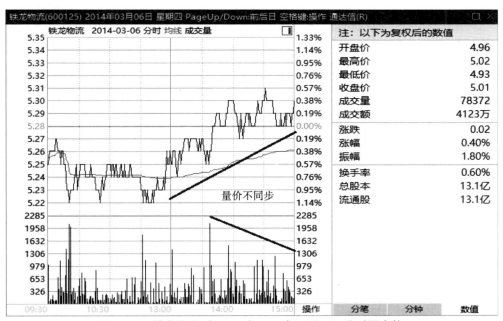

图 3-97　铁龙物流（600125）2014 年 3 月 6 日分时图走势

3 月 7 日，股价开盘，一路飙升到 3.21% 的涨幅高度，可是从那时开始，股价开始回落，并且引发了抛售潮，从 3.21% 的涨幅降到 1.38%，而且尾盘还在逐渐下落，收盘前下落的幅度过大，导致日线上我们看到了一个相当长的上影线，这预示着今日早盘那些买入的投资者已经被死死套牢在高点上，如图 3-98 和图 3-99 所示。

图 3-98　铁龙物流（600125）日线常规周期图，过长的上影线

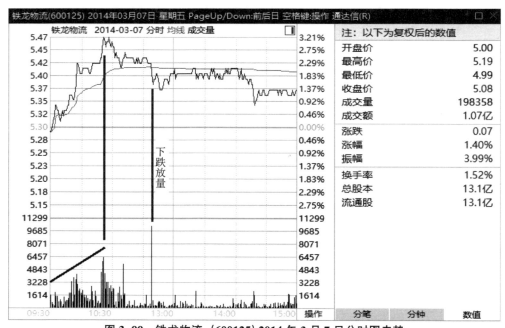

图 3-99　铁龙物流（600125）2014 年 3 月 7 日分时图走势

长上影 K 线后，股价连续暴跌，曾一度接近预警线价位，如图 3-100 所示。

图 3-100 铁龙物流（600125）第一次接近预警线

就在暴跌到预警线附近时，股价似乎得到了支撑，反而震荡上行了，如图 3-101 所示。

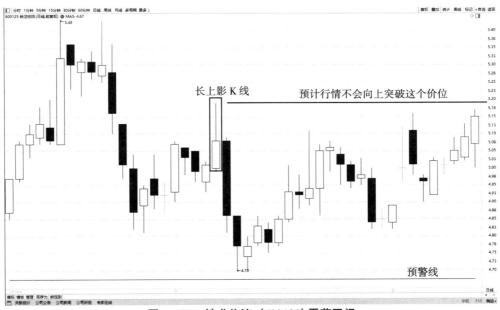

图 3-101 铁龙物流（600125）震荡区间

虽然行情上行了，会不会解套之前长上影 K 线买在高位的筹码呢？我们暂时估计应该不会。

正如估计的那样，行情并没有解套之前长上影 K 线买在高位的筹码，而是立刻反转暴跌，再次逼近我们之前预设的预警线，如图 3-102 所示。

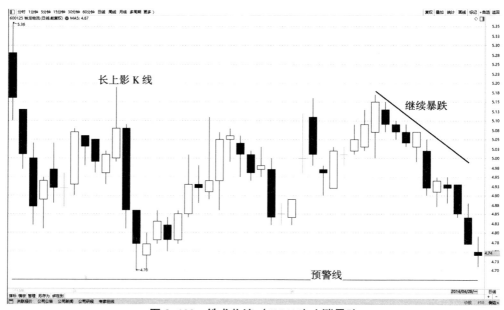

图 3-102　铁龙物流（600125）止涨暴跌

在第二次逼近预警线之后，股价似乎再次得到了支撑，开始再次上涨。可是随后的进展中上涨的力道逐渐减弱，最后又回到了下跌行情中，如图 3-103 所示。

半圆形震荡的结果，要么是股价突破圆弧顶，要么是开始新一轮暴跌。

在第三次逼近预警线的下一个交易日，股价开始了暴跌，并且实实在在地跌破了预警线的支撑，此时时间已经是 2014 年 5 月 29 日，而 5 月就剩下 30 日这最后一个交易日了，如图 3-104 所示。

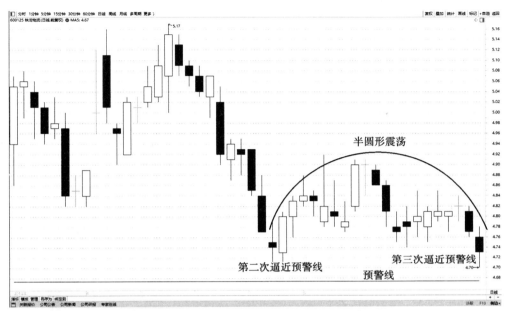

图 3-103 铁龙物流（600125）半圆形震荡

图 3-104 铁龙物流（600125）预警线被跌破

　　如果 5 月 30 日还下跌或者还处在预警线之下，则说明月线涨跌周期图上的 K 线形态已经出现了符合规格的"下跌1+1"买入形态。

在 5 月最后一个交易日收盘后，已经能在涨跌周期图上看到"下跌 1+1"买入形态了，如图 3-105 和图 3-106 所示。

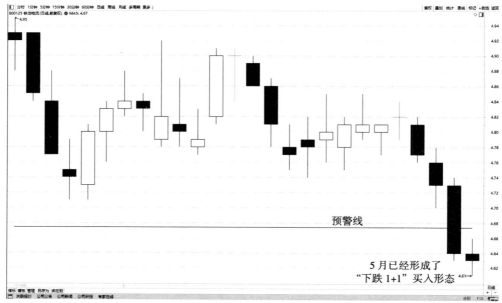

图 3-105　铁龙物流（600125）确认"下跌 1+1"买入形态出现

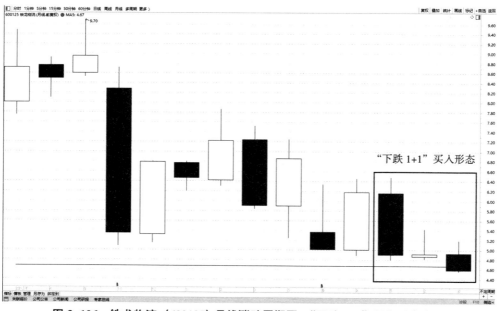

图 3-106　铁龙物流（600125）月线涨跌周期图，"下跌 1+1"买入形态出现

那么下一步我们就要安排如何进场买入了。

怎么买入呢？可以选择最简单的均线突破买入、跌破卖出法则。

我们在主图上挑出 20 日均线指标，如图 3-107 所示。

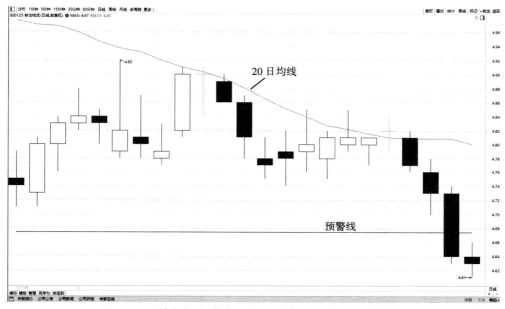

图 3-107　铁龙物流（600125）日线常规周期图，20 日均线

以后只要股价突破这条线就买入，买入后跌破这条线就卖出。

就目前来看，股价距离 20 日均线还有一段距离，不是一两个交易日可以上破得了的。

股价一直在预警线附近来回震荡，而 20 日均线已经向下回落了不少，越来越接近日 K 线了，如图 3-108 所示。

假如说，在未来两三个交易日股价向上突破了 20 日均线，就是买点。

从图 3-109 可以看出，20 日均线也跌破了预警线标示的价位。一般来说，大多数投资者对于均线的死叉都会有一个固定思维，那就是均线死叉必然看跌。而我们认为均线死叉不一定就看跌，均线的死叉也有可能挖到金子。所以，我们试探性地在今日用 1/3 的仓位买入。

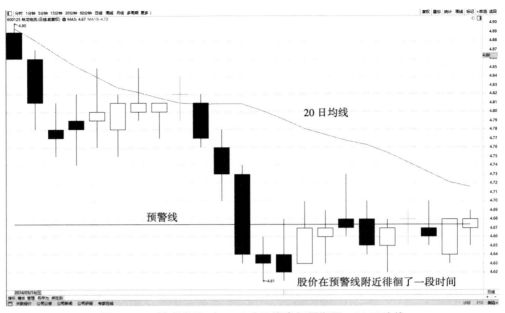

图 3-108　铁龙物流（600125）日线常规周期图，20 日均线

图 3-109　铁龙物流（600125）日线常规周期图，20 日均线也跌破了预警线

　　我们试探性地在均线死叉当天买入了 1/3 仓位的该股，股价在随后的一两周时间开始向上攀升。我们试探性地买入，正好买在了这个波段的相对较低的价位。所

以说，均线死叉不可怕，可怕的是思维固化，缺少灵活与变通，如图 3-110 所示。

图 3-110　铁龙物流（600125）日线常规周期图，股价将要突破 20 日均线的压制

假如后期股价能突破 20 日均线的压制，那就是另外 2/3 的进场价位，如图 3-111 所示。

图 3-111　铁龙物流（600125）日线常规周期图，股价突破 20 日均线压制，买入

打开当日分时图我们可以看到，股价虽然一直在下跌，但是放量不是很明显，有惜售的感觉，而下午盘开始后不久，股价开始放量上涨，迅速脱离了低位区，而且突破了 20 日均线的压制，如图 3-112 所示。

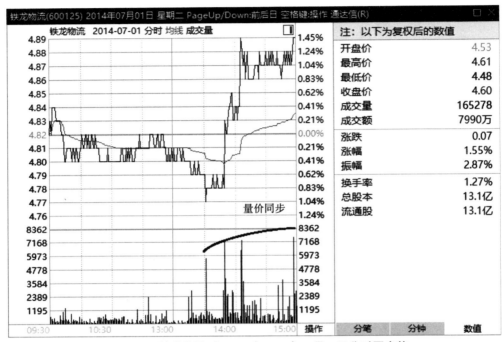

图 3-112 铁龙物流（600125）2014 年 7 月 1 日分时图走势

所以，这个交易日是剩下 2/3 仓位的买入时机。

另外 2/3 仓位买入后，我们还有补仓的机会，特别是之前没有机会买入时，可以选择在股价回落到 20 日均线附近时买入，如图 3-113 所示。

随后数个交易日股价一直站稳 20 日均线之上，说明 20 日均线有支撑股价上涨的作用，所以，继续持股而不必担心股价下跌，如图 3-114 和图 3-115 所示。

图 3-113 铁龙物流（600125）日线常规周期图，上涨初期

图 3-114 铁龙物流（600125）日线常规周期图，20 日均线支撑股价上涨

图 3-115 铁龙物流（600125）日线常规周期图，20日均线支撑股价上涨

假如说我们只是做短线、见好就收，可以用 20 日均线作为止盈线止盈。

如果我们做中长线，只需要留意月线涨跌周期图的走势就可以了。

从月线涨跌周期图上看，该股随后上涨的幅度甚至超过了 90%，如图 3-116 所示。

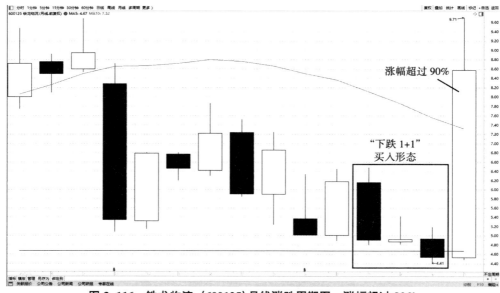

图 3-116 铁龙物流（600125）月线涨跌周期图，涨幅超过 90%

不管急于变现还是什么，在任何一个价位卖出都是稳赚不赔的。

这次的 T 形小阴 K 线出现，意味着"上涨1+1"卖出形态可能要出现。如果未来股价还能上涨，并且涨幅超过5%，当然不限制在5%，那么行情将在这最后的疯狂暴涨之后接近尾声，如图3-117所示。

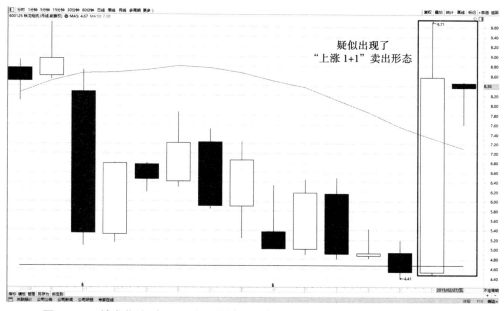

图3-117　铁龙物流（600125）月线涨跌周期图，半个"上涨1+1"卖出形态出现

因此，如果下一个月上涨超过5%，就意味着还有最后一波涨幅可以获利。

和之前预计的一样，我们在月线涨跌周期图上看到了"上涨1+1"卖出形态，这个形态提示行情的上涨即将结束，我们可以立即卖出，或者依据某个均线止盈，如图3-118所示。

这里我们最简单的策略就是直接卖出，本次交易从分批建仓到"上涨1+1"卖出形态，整体获利140%以上。

这一章我们列举了三个案例解说怎么等待"下跌1+1"买入形态出现，以及买入形态出现后该怎么操作。下面一章我们主要解说"上涨1+1"卖出形态及其注意事项与案例。

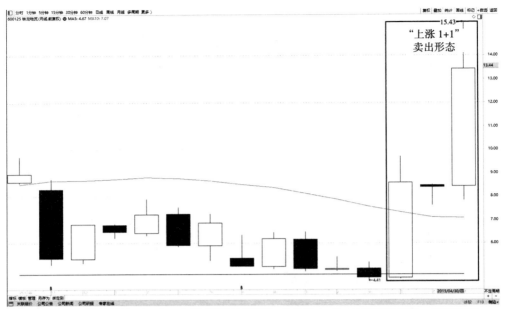

图 3-118　铁龙物流（600125）月线涨跌周期图，"上涨 1+1"卖出形态出现，卖出获利

第四章 个股涨跌周期图"上涨1+1"形态

什么是涨跌周期图"上涨1+1"形态？

这个形态要求股价先上涨超过5%，之后回调不超过2%，在接下来的行情中继续上涨，并且涨幅同样需要超过5%。这样一个形态形似"1+1"，因为是上涨行情，所以，定名为"上涨1+1"形态。这种形态预示了行情在之后的行进中，有大概率会反转下跌。对于在"下跌1+1"买入形态买入的投资者，这个"上涨1+1"形态是极好的卖出信号，如图4-1所示。

图4-1 涨跌周期图"上涨1+1"形态

卖出点：

（1）下个周期的股价开始下跌，导致此前的阳K线定型，这时可以伺机择高卖出。

（2）常规日线图上，长期均线或用于止盈的短期均线被向下跌破，卖出。

（3）其他指标发出的相关卖出信号，也可以增加信号的可靠性。

一、深南电A（000037）

深南电A这只股票前期一直处于横向震荡行情中，由于20日均线的压制，行情向上的幅度越来越小，如图 4-2 所示。

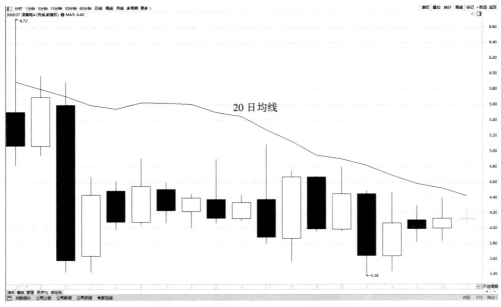

图 4-2　深南电 A（000037）前期分析

假如说我们之前已经在该震荡区间买入了这只股票，那么该怎么卖出呢？可以选择的是：

（1）均线止盈。

（2）"上涨 1+1"卖出形态出现。

（3）其他技术指标发出卖出信号等。

在下跌周期之后紧跟着的上涨周期，直接将股价暴力拉升了 1 倍多，如图 4-3 所示。

这里我们可以选择使用均线止盈，或者等待"上涨 1+1"卖出形态出现再卖出。

使用均线止盈的好处是可以及时变现，对于有现金需求的投资者来说，使用均线止盈是很不错的方式。

而对于没有现金需求、资金属于闲置资金的，可以等待"上涨 1+1"卖出形态出现再卖出，这样的好处是不用太计较每日的波动，省事、省力、省心。

在接下来的一个下跌周期，我们可以看到股价在上涨周期的高位震荡，基本没有下跌多少，而且上下影线明显是实体部分的 N 倍以上，如图 4-4 所示。

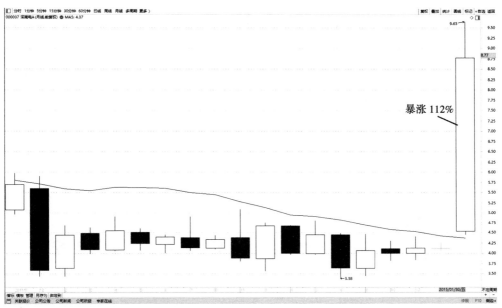

图 4-3　深南电 A（000037）翻倍暴涨

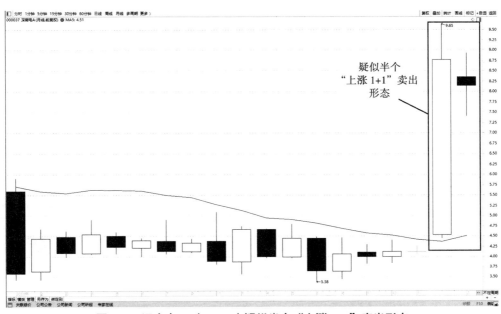

图 4-4　深南电 A（000037）疑似半个"上涨 1+1"卖出形态

只要下一个上涨周期的涨幅超过 5%，就可以认为"上涨 1+1"卖出形态已经确认，可是，是否马上卖出就需要转入日线常规周期图去观察。

2015 年 2 月底，我们在 2 月最后一个交易日设置一个上涨 5% 的预警线，后期如果股价上破了这条预警线，说明行情进入了"上涨 1+1"卖出形态的最后疯狂阶段。在大多数人疯狂的时候，决不能失去理智，而应该时刻保持冷静，等待高点出现并尽量卖在高位，如图 4-5 所示。

图 4-5 深南电 A（000037）日线常规周期图，观察行情

2015 年 3 月中旬，股价连续突破了之前预设的 5% 预警线，这表示行情即将进入疯狂暴涨阶段，如图 4-6 所示。

随后的数个交易日虽然股价相当于高位盘整，但是 20 日均线已经开始转头向上，这对于短期来说，上涨的潜力是不小的，如图 4-7 所示。

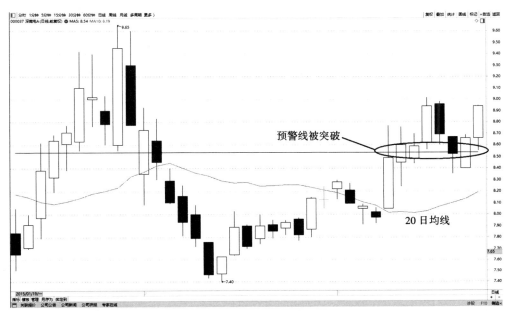

图4-6　深南电A（000037）日线常规周期图，预警线被突破，最后的疯狂即将上演

图4-7　深南电A（000037）日线常规周期图，20日均线转头向上

随着20日均线的逐渐抬高，股价也出现了"上涨1+1"卖出形态的最后一波暴涨。面对这样的暴涨，我们不能沉迷其中，而是要时刻保持冷静，随时见高卖出，如图 4-8 所示。

图 4-8　深南电 A（000037）日线常规周期图，最后的疯狂

卖不卖到最高价位不重要，重要的是我们尽量卖在了相对较高的价位就行了。

二、保利地产（600048）

与之前深南电 A 的例子一样，这只个股前期也处于长期的横向震荡区间，不过与深南电 A 不同的是，保利地产是在 20 日均线的支撑下略微有向上的趋势，如图 4-9 所示。

假如我们之前已经在该震荡区间买入了这只股票或者在更久之前就买入了这只股票，那么该怎么卖出呢？或者该怎么解套呢？

不管是已经被高位套牢还是在此前低位买进的投资者，都可以参考在"上涨1+1"形态出现后卖出。

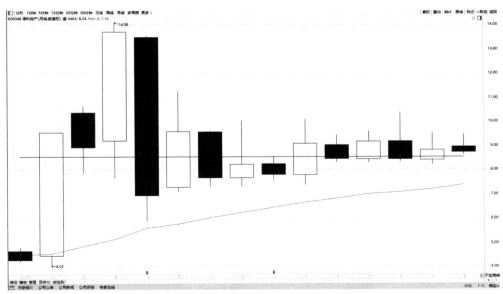

图 4-9 保利地产（600048）前期分析

这样，即使是高位套牢，也能尽可能地减少损失，而已经在低位买入的投资者在"上涨 1+1"形态卖出也能卖到较高、较理想的价位。

由于惯性，20 日均线一直在不停地向上攀升，这也导致了股价不断上涨，三个月上涨了 16%，如图 4-10 所示。

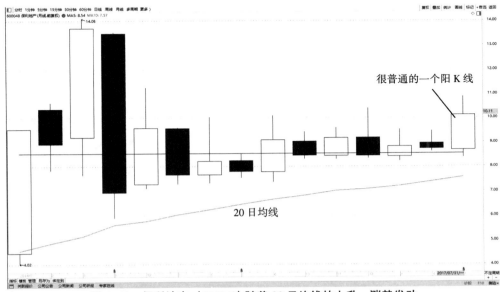

图 4-10 保利地产（600048）随着 20 日均线的上升，涨势发动

在接下来的下跌周期行情中，我们可以看到股价报收一个实体很小而下影线很长的阴 K 线，就下跌幅度来说没有下跌多少个百分点，符合"1+1"形态中对"+"形态的要求，所以，很可能出现了半个"上涨 1+1"卖出形态，如图 4-11 所示。

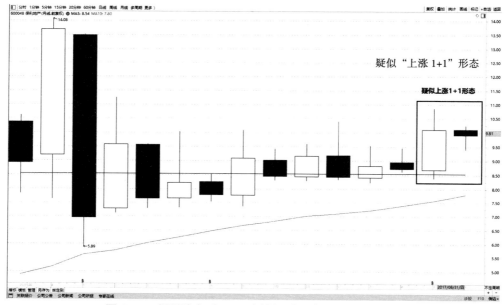

图 4-11　保利地产（600048）疑似"上涨 1+1"卖出形态

按照"1+1"形态的规格要求，只要下一个上涨周期涨幅超过 5%，就可以认为"上涨 1+1"卖出形态已经得到确认，可以转入日线或周线常规周期图去继续跟踪了。

进入周线后，我们将上个月收盘价的 1.05 倍标示出来，作为预警线使用，如图 4-12 所示。

2017 年 9 月中上旬，股价向上突破了预设的上涨 5%的预警线，这表示行情即将进入暴涨阶段，如图 4-13 所示。

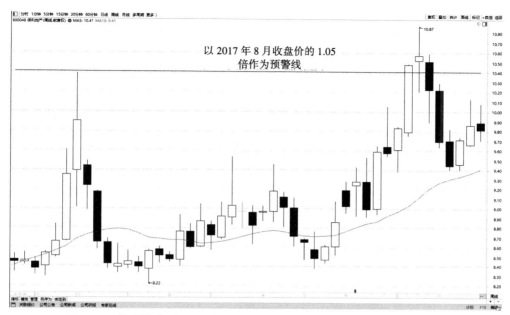

图 4-12 保利地产（600048）周线常规周期图，标示出上涨5%的预警线

图 4-13 保利地产（600048）周线常规周期图，预警线被突破，或将上演最后疯狂

突破预警线之后股价有所回调，但是在 20 日均线上得到了有力支撑，股价在后来的两周里持续站稳于 20 日均线之上，如图 4-14 所示。

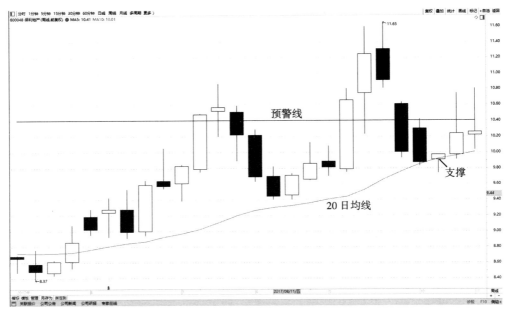

图 4-14　保利地产（600048）周线常规周期图，回调 20 日均线后得到支撑

　　回撤 20 日均线两次之后，股价开始了最后一波的上涨，如图 4-15 所示。

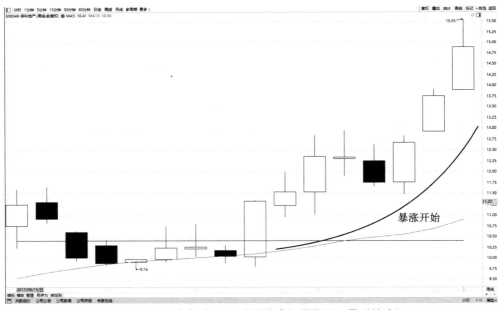

图 4-15　保利地产（600048）周线常规周期图，最后的疯狂

两周后的股价走出了一个周线级别的"上涨 1+1"卖出形态，这个时候适合短线卖出，如图 4-16 所示。

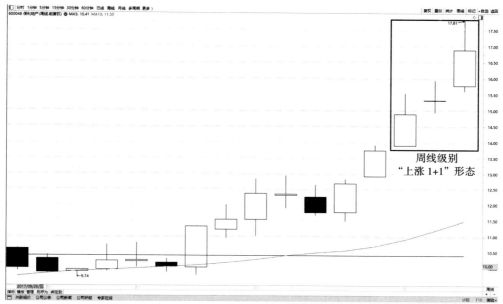

图 4-16　保利地产（600048）周线常规周期图，周线级别的"上涨 1+1"形态

如果急于变现用钱，这个时候卖出最好。如果不急于用钱的话，最好有其他指标共振时再卖出。

又两周，股价再次走出周线级别的"上涨 1+1"卖出形态，而且更重要的是，第二次出现"上涨 1+1"形态时，量能是缩减的，说明后期继续上涨的可能性大大降低，本周周末或下周第一个交易日最好尽快抛售，以免错失卖在高位的时机，如图 4-17 所示。

在连续两次周线级"上涨 1+1"卖出形态之后，股价立马暴跌 23%，而且还在不断下跌，如图 4-18 所示。

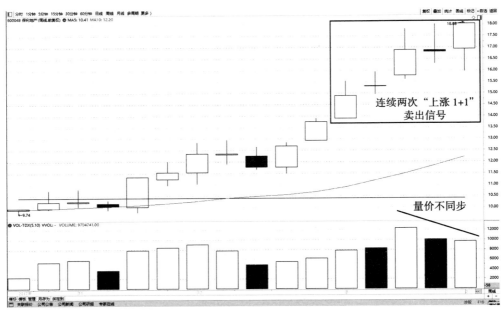

图 4-17　保利地产（600048）周线常规周期图，连续两次"上涨 1+1"形态

图 4-18　保利地产（600048）周线常规周期图，后续走势

这说明连续两次出现"上涨 1+1"形态是比较可靠的卖出形态。

我们放大周期图到月线周期下，在月线级别的 "上涨 1+1" 卖出形态之后，股价立马暴跌 29%，可见更大周期下出现的 "1+1" 形态可靠性强于短期周期图上的 "1+1" 形态，如图 4-19 所示。

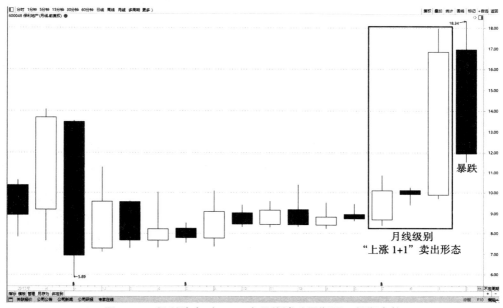

图 4-19 保利地产（600048）月线涨跌周期图，长期走势

对于优质个股来说，"1+1" 形态交易法更加适合操作。下面我们用贵州茅台这只个股来做一下解说。

三、贵州茅台（600519）

图 4-20 是贵州茅台（600519）2010 年 11 月至 2013 年 6 月的月线涨跌周期图走势，我们很轻松地可以看到高位之前出现了 "上涨 1+1" 卖出形态，并且从后续的走势看，股价确实开始了新一轮的下跌。

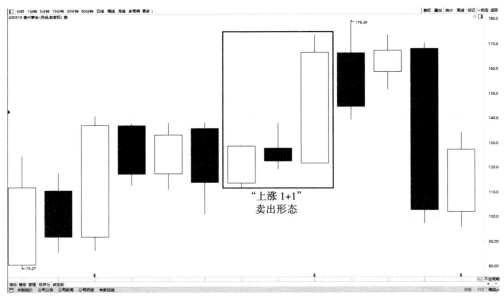

图 4-20　贵州茅台（600519）前期分析

如果一直是空仓的投资者，看到这样的卖出形态千万不要盲目跟风追高，以免被套牢在高位，如图 4-21 所示。

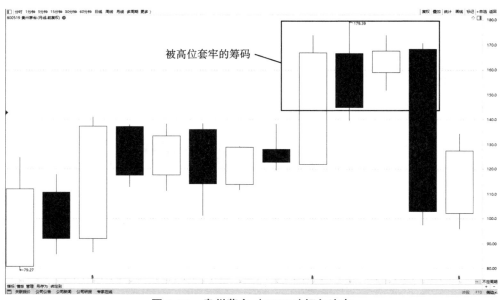

图 4-21　贵州茅台（600519）切勿追高

什么是套牢？就是账面上长期处于亏损状态，要是卖出必然亏损，要是不卖出去，一旦亟须用钱就会遇到麻烦，逼着你卖出去，逼着你亏钱。

怎么办？只有等，等待可靠的买入形态买入，然后等待可靠的卖出形态卖出。

既然已经看到了"上涨 1+1"卖出形态，就不应该追高买入，而是等待其下跌，并且出现"下跌 1+1"买入形态之后再进行买入。

接下来的走势中，股价开始下跌，之前买在"上涨 1+1"形态上的筹码几乎全部都被牢牢套死。从涨跌周期图上看，近期股价出现了疑似"下跌 1+1"形态，可是规格上除了第一个大阴 K 线符合要求外，后面的两个 K 线都不符合"下跌 1+1"形态标准，如图 4-22 所示。

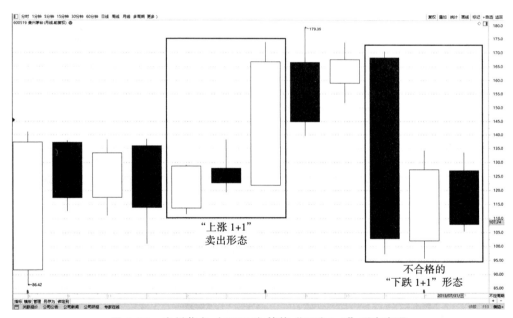

图 4-22　贵州茅台（600519）等待"下跌 1+1"形态出现

既然不符合要求，那就是不可靠的"下跌 1+1"买入形态，也就是说，不可以依据这样的形态进行买入操作。

一个月后，股价基本在上个月行情的下段盘整，震荡幅度不小。从月底的 K 线看，貌似看到了半个"下跌 1+1"买入形态的影子，如图 4-23 所示。

下个月如果股价继续下跌超过 5%以上，就可以确认"下跌 1+1"买入形态了。

两个月后，股价大跌了 25%，这个下跌幅度不可谓不小，下跌的同时也确认了"下跌1+1"买入形态，我们立即在月底最后一个交易日择低买入，如图4-24所示。

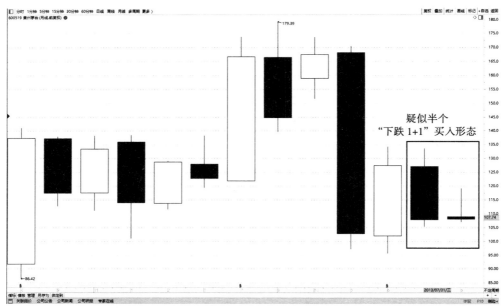

图4-23 贵州茅台（600519）疑似"下跌1+1"形态将出现

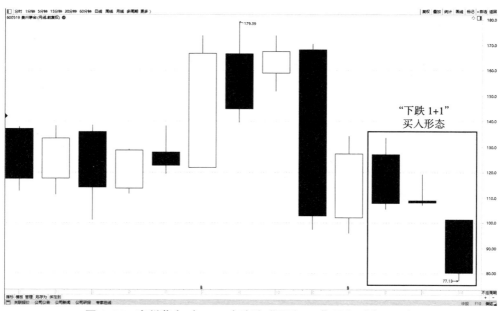

图4-24 贵州茅台（600519）确认"下跌1+1"买入形态，买入

因为是月线周期下的买入形态，所以，不指望能买到最低价，也不指望短期之内就能暴涨。一旦买入后必须做好长期持股的准备，直到可靠的卖出信号出现才卖出。

因为是长线买入，所以，不打算短期卖出，尽管在后来的两个涨跌周期内，股价还是下跌了 13%，但依然不改持股待涨的计划，如图 4-25 所示。

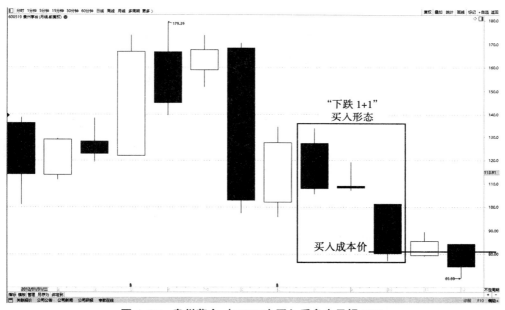

图 4-25　贵州茅台（600519）买入后盘中亏损 13%

一般来说，大多数投资者对于账面亏损的心理底线是 20%，所以，账面没有亏损到 20% 时很少有人卖出，有的甚至根本就不打算卖出。

我们之前在"下跌 1+1"买入形态时的买入价格是 80.11 元，进入 2014 年以来，股价又再次下探，一度让账面亏损达到了 17%。这已经让很多投资者感觉到危险了，但是我们依然没有卖出手中的股票，因为我们坚信买入点位置是长期较低的价位，目前要做的就是等待股价上涨，如图 4-26 所示。

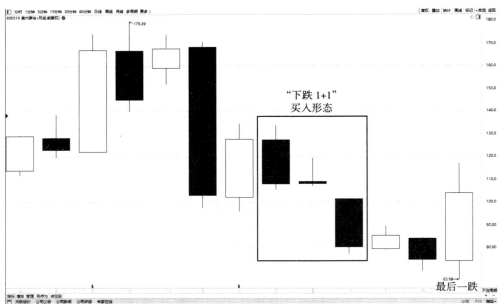

图 4-26　贵州茅台（600519）最后一跌

继续坚持持股待涨，等来了行情的最终反转，如图 4-27 所示。

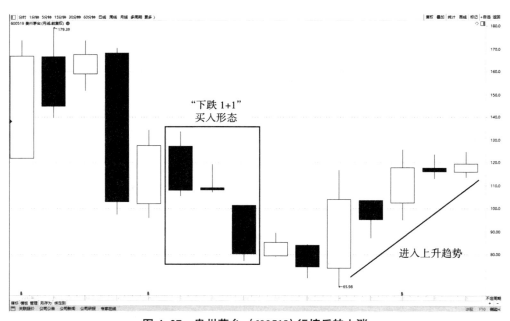

图 4-27　贵州茅台（600519）行情反转上涨

目前还没有任何指标提示卖出，也没有出现"上涨1+1"卖出形态，所以，我们继续持股待涨。

经过2014年下半年的震荡整理行情之后，股价再度突破整理区间上沿，并且一路上涨，连续涨幅27%，如图4-28所示。

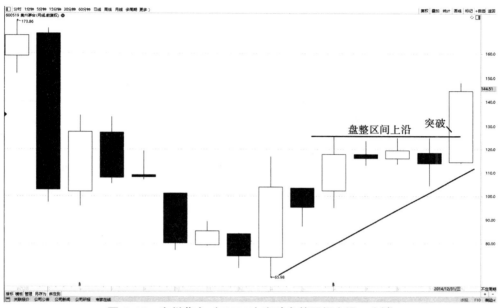

图4-28　贵州茅台（600519）突破盘整区间上沿，上涨

在前一个上涨周期之后，接下来就是下跌周期，此次下跌幅度不是很大，基本维持在上升通道中的中间位置，这属于上涨中的回调行情，之后还有可能继续上涨，如图4-29所示。

在股价再次加速突破上升通道上沿后，我们认为股价开始进入疯涨期，是赚大钱的时候，也是容易失去理智的时候，后期我们应该冷静提防行情急转直下，及时留意任何卖出信号的出现，如图4-30所示。

2016年夏，股价疯狂暴涨67%，在暴涨的同时，我们还应该时刻留意有没有出现卖出信号。如果出现了卖出信号就应该及时卖出，以免贻误时机卖不到相对较高的价位，如图4-31所示。

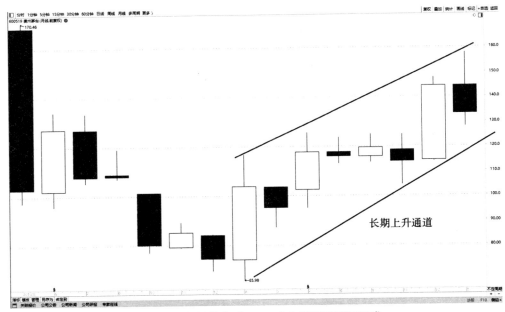

图 4-29 贵州茅台（600519）上升通道已经形成

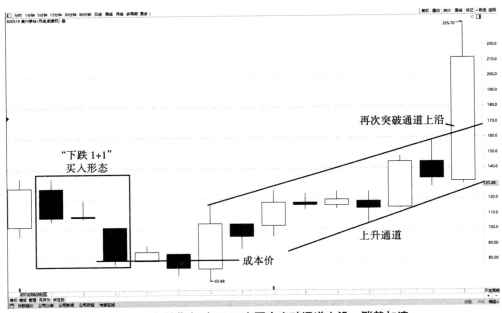

图 4-30 贵州茅台（600519）再次突破通道上沿，涨势加速

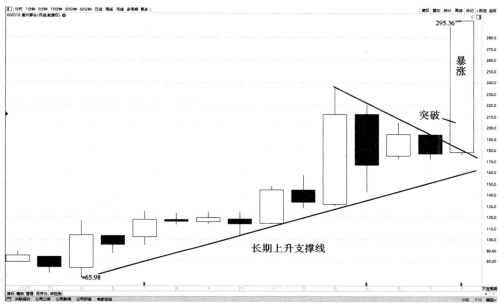

图 4-31　贵州茅台（600519）又一次突破，涨势疯狂

　　截至 2018 年 1 月，股价在当前这次上涨周期中已经上涨了 169% 之多，同时我们也很容易观察到 "上涨 1+1" 卖出形态的出现，如图 4-32 所示。

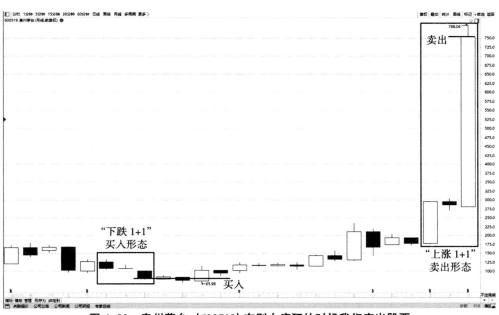

图 4-32　贵州茅台（600519）在别人疯狂的时候我们卖出股票

所以，我们在 1 月底前及时卖出了该股，完成了本次交易。

回顾本次交易，历时 4 年多，期间盘中还曾亏损 17%，现如今股价疯涨，盈利已经达到了 840%，如图 4-33 所示。

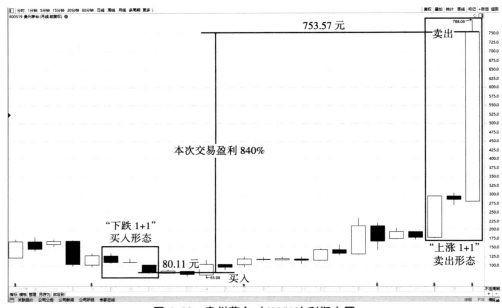

图 4-33　贵州茅台（600519）利润丰厚

"1+1"形态就是这么简单有效。

形态是死的，若是读者能灵活运用，它将给你带来更多的欣喜。

后　记

K 线形态有千千万万个，投资者只有不断地学习，不断地探索，不断地挖掘，才能与时俱进，做到与众不同，因为只有在关键时刻做到与众不同，才能实现买在最低点，卖在最高点。

在"上涨 1+1"卖出形态出现后，也是大多数人贪婪的时候，我们的形态提示应该卖出，这就做到了"在大多数人贪婪的时候卖出"；在"下跌 1+1"买入形态出现后，正是大多数人最恐慌的时候，我们的形态提示应该买入，这就做到了"在大多数人恐慌抛售的时候买进"。由此，真正做到了交易形态与交易法则的最简化。

本书所介绍的"1+1"形态交易法就是如此简单易懂，能让投资者避开人性的弱点，让使用这一交易法的投资者从中获利。

为了不断尝试、不断创新，我们也将不断公开新的研发成果。